출근하기 싫은 날엔
카프카를 읽는다

출근하기 싫은 날엔 카프카를 읽는다

예술가들의 흑역사에서 발견한
자기긍정 인생론

김남금 지음

프롤로그

답이 아닌 나를 찾았던 예술가들이 전하는 내 삶을 긍정하는 인생 기술

학교 다닐 때 '장래 희망'을 의무적으로 써 내곤 했다. 교사, 의사, 과학자, 화가, 대통령, 현모양처도 가끔 꿈꾸던 시절이었다. 그때는 당연하다고 생각했는데 지금 보면 이상하다. 장래 희망이 장래 직업과 동의어라니. 지금도 별로 다르지 않다. 가수, 배우, 운동신수, 유튜버, 디지털 크리에이터 등 직업군만 바뀌었을 뿐 장래 희망은 여전히 직업인 경우가 많다.

졸업 후에 원하던 직업을 갖더라도 일이 인생의 전부가 아니라는 것을 깨닫는 데 오랜 시간이 걸리지 않는다. 적당히 일하고 편하게 살래요, 틈나면 여행 다니며 좋아하는 음악가의 콘서트 보며 살래요, 출근 걱정 없이 파리에서 한 달 살아보고 싶어요, 휴일이면 아무것도 안 하고 빈둥거릴래요 등등. 그동안 지워버린 것들이야말로 진짜 장래 희망이 된다. 이때부터 본격적인 인생 여행자가 되어 적성을 고민하고, 하고 싶은 것과 잘하는 것을 찾아 나선다.

시험 문제는 출제자의 의도를 읽으면 정답을 찾을 수 있고, 쾌감도 있다. 하지만 살면서 만나는 문제는 출제자도 없고 답도 못 찾을 때가 많다. 답도 모르는 문제들로 끙끙거릴 때마다 길을 비추는 빛 같은 이야기를 만나곤 했다. 여러 작가, 화가 등 예술가들이 '살아낸' 이야기였다. 그들과의 첫 만남은 잘 알려진 유명한 작품을 통해서였지만, 시공간을 초월해서 사랑받는 작품 뒤에는 어김없이 자연인으로서 살았던 이야기가 따라다닌다. 그들의 이야기는 자석처럼 나를 끌어당기곤 했다. 적게는 몇십 년, 많게는 몇백 년 전에 세상을 떠난 이들의 인생 이야기는 알수록 우리와 닮은꼴이었다.

그들 역시 자신의 마음은 깊숙한 곳에 넣어둔 채 얼떨결에 부모의 바람대로 전공을 선택하거나 어른의 몫을 해내느라 퇴사는 엄두도 못 내고 퇴근 후 딴짓으로 하루하루를 버텼다. 어쩌다 일찍 적성을 찾은 이들도 궁핍함에 시달리거나 예상치 못한 장애물들에 걸려 휘청거렸다. 우리처럼 마음에 안 드는 현실에서 달아나려고, 아니 버티려고 글을 쓰거나 그림을 그리고, 덕질을 했다. 자기 자리를 이탈하지 않으려고.

그들은 일상과 이상 사이에서 어쩔 줄 몰라 종종 무기력에 빠지곤 했다. 누군가는 술독에 빠져 세상을 향해 욕하고, 자신의 나약함에 절망하고 갈등의 파도에서 허우적거렸다. 도파민이 필요해서 도박에 중독된 예술가들도 있었다. 솔깃했다. 회피하고 갈등하고 헤매는 그들의 모습을 보며 '어라, 나랑 똑같잖아'라고 중얼거리고 나면 슬그머니 고민의 무게가 가벼워졌다.

그들이 경제적으로 궁핍했던 시절, 작품을 널리 인정

받기 전에 정신적으로 혼란했던 시절을 더듬었다. 카프카가 글을 쓰려고 둥지를 틀었던, 프라하 성 안에 있는 골목 황금 소로를 더듬고, 청년 헤밍웨이가 한때 머물렀던 집 앞에 찾아가서 창문을 올려다보고, 산책로로 삼았던 골목을 기웃거렸다. 모네가 빛을 좇아서 노르망디를 찾았던 것처럼 그의 뒤를 따라 루앙으로 가는 기차에 오르고, 에트르타로 가는 버스에 올랐다. 고흐가 귀를 자른 곳에서 바람 소리에 귀를 기울이고, 그를 죽음으로 내몬 절대 고독을 찾아내려고 했다. 내 고독과 고립을 그의 절대 고독에 기대면서. 진짜 삶을 살기 위해, 나로 있을 수 있는 다정한 속삭임을 찾았다.

일관성 없는 삶을 꾸린 사람 대회가 있다면 나는 메달권 안에 들 것이다. 자주 막다른 골목에 갇힌 기분이 들곤 했고, 그때마다 작가와 화가 들이 살아낸 이야기를 찾아

읽었다. '나만 헤매는 게 아니었어'라는 생각이 들면 골목을 빠져나갈 힘이 솟았다. 그 사람이 내 곁에 실재하는지 안 하는지는 별로 중요하지 않다. 그저 나와 비슷한 구석이 있는 누군가가 존재했다는 사실 자체로 든든했다. 눈물을 찔끔거리더라도 앞을 바라보며 다시 뚜벅뚜벅 나아갈 힘을 얻곤 했다. 어떤 일을 하든 어떤 상황에 있든 흔들리는 것이 기본값이라는 사실에 안도하며.

반백 살 넘게 살았지만 나는 어디쯤 와 있는지, 어디로 가고 있는지 여전히 모른다. 문득문득 수풀이 무성한 숲에서 헤매는 기분이 들곤 한다. 나는 확신에 차서 일상을 꾸리는 사람과는 거리가 멀고, 앞으로도 그럴 것이다. 몸은 습관적으로 마땅히 할 일을 하지만, 마음은 계속 흔들린다. 하지만 이제는 흔들리는 것도 삶의 일부이고, 쓸모가 있다는 확신이 1밀리미터씩 쌓인다.

무기질이 부족한 아이가 석회벽을 보면 본능적으로 벽을 긁어서 입으로 가져간다는 연구가 있다. 타인의 이야기를 굳이 찾아 읽고 귀를 기울이는 것도 비슷하지 않을까. 나에게 없는 무언가를 채우려고 다른 사람들이 살아가는 이야기를 읽고 듣는 것은 아닐까. 괄호 안에 묶인 예술가들의 내적 소용돌이에 빨려 들어 마음에 안 드는 현재를 정면으로 응시하는 내공을 얻는다.

어둠 속에 덩그러니 혼자 있는 것 같을 때마다, 길에 아무렇게나 버려진 휴지 조각처럼 나뒹구는 기분이 들 때마다 대가들의 흑역사에서 긍정의 기운을 얻기를. 기분이 바닥일 때 먹으면 기분이 좋아지는 달콤한 케이크 한 조각처럼, 하찮은 사람처럼 느껴진 날 대접받고 싶어 찾는 오마카세처럼 필요할 때마다 한 편씩 야금야금 읽으면 좋겠다.

목차

• 제2부 •

자기긍정 인생론, 두 번째

일상의 감옥에 갇히는 사람 vs. 일상을 이기는 사람

• 제3부 •

자기긍정 인생론, 세 번째

자기만의 방식으로, 세상의 일부가 되는 법

제1부

자기긍정 인생론, 첫 번째

일은 해야
합니다만,

지겨운 밥벌이가
신성한 밥벌이가
되기까지

잘하는 일과 하고 싶은 일 사이에서 갈팡질팡할 때

파리의 생계형 마감 노동자 오노레 드 발자크

"삶을 송두리째 잃지 않으려면 일정한 노동이 필요하다"는 알베르 카뮈의 말은 무조건 옳다. 노동은 분명히 신성하다. 하지만 소비사회에서 '일정한' 만큼 일하기 쉽지 않다. 소비재가 유혹하는 손짓에 넘어가서 일에 영혼까지 바치곤 한다. 우리는 일용할 양식만으로 살 수 없다. 쓸모

없어 보여도 내 존재를 위로해 줄 물건을 지를 때 나오는 엔도르핀이 필요하다. 월말에 카드값 내고 다시 월급을 위해 쳇바퀴를 돌다 문득 정신을 차린다. '내가 왜 일하는 거지?'

일이 말 그대로 생계 수단만 되면 더 힘들다. 들인 땀과 시간에 비해 보상도 적은 것 같은 월급에 묶인 자신이 안쓰럽다. 다른 일을 하면 다른 내가 될 것 같은 상상에 빠진다. 현재 하는 일에서 의미를 찾는 데 게을러지고, 다른 일을 기웃거린다. 그러면 이도 저도 아닌 경계인이 되어 잘하는 일과 하고 싶은 일 사이에서 오락가락하며 '언젠가'란 말을 마음속으로 중얼거린다.

이런 생각은 우리만의 것은 아니다. 19세기 프랑스 소설가이자 극작가인 오노레 드 발자크는 작가가 아니라 사업가로 살고 싶었던 터라 실제로 여러 번 사업을 벌인다.

파리의 파시역에서 600미터 정도 떨어져 있는 곳에 발자크 뮤지엄이 있다. 관광객의 발길을 잡아끌 만한 것이 없는 조용한 동네이다. 벽에 쓰인 '발자크의 집la Maison de Balzac'을 놓치면 지나칠 뻔할 정도로 평범하다. 초록 대문을 열고 들어가면 발자크의 세계가 펼쳐진다.

발자크가 살았던 때 파시는 파리 시내에 속하지 않았다. 과거에는 서울도 사대문 안에 한정되었던 것처럼 파리 시내는 지금보다 훨씬 작았다. 발자크는 1840년부터 1847년까지 파시에 살면서 《인간 희극》을 썼다. 쓰는 작품마다 인기를 얻어 유럽에서는 꽤 유명한 작가였고 원고료도 많이 받았다. 아이러니한 점은 그런 그가 평생 빚쟁이들에게 쫓겨 여러 곳을 전전하며 살았다는 것이다. 왜 빚쟁이들에게 쫓겼을까.

발자크는 풍부한 상상력을 가진, 지나친 낙관주의자였다. 이십 대에 그는 자신의 천재성을 사업에 쏟아부었다. 상상력, 낙관주의, 언변, 실행력 등 따로따로 보면 모두 탐나는 요소들이다. 이 요소들이 한 사람에게 집중되어 한도 초과가 되었다. 그 결과 안타깝게도 생산력이 추진력을 따라가지 못했다.

그는 먼저 출판업에 뛰어들었다. 프랑스 작가 라퐁텐과 몰리에르 책이 날개 돋친 것처럼 팔릴 거라는 대책 없는 낙관적 상상으로 책을 출판했다. 1천 부를 찍었지만 1년 동안 고작 20권을 팔았다. 책을 출판할 때 수익을 미리 계산해서 자금을 투자받았는데 판매 부실로 빚만 떠안았다.

나라면 여기서 그만두고 원고를 써서 빚 갚을 궁리를 했을 텐데 발자크는 스케일이 남달랐다. 그는 한 사업이 실패하면 다른 사업을 벌여서 막으려고 했다. 출판사가 망한 이유를 수익 구조라고 믿었다. 인쇄업을 직접 겸해서 출판업을 하면 손해가 나는 수익 구조가 개선될 거라고 분석하고 인쇄소를 인수했다. 틀린 말은 아니었지만, 발자크는 안타깝게도 사업에서는 '마이너스의 손'이었다. 손대는 것마다 손해를 보았다. 발자크는 이론과 실제가 다른 것을 직접 보고 겪어도 계획을 거침없이 추진했다.

부모님과 그를 사랑하는 여인에게 사업 설명회를 하고 투자를 받아서 낡은 인쇄소를 인수했다. 처음에는 인쇄소를 운영하는 데 열성적이었다. 직접 인쇄소에 나가서 이런저런 일을 직접 지휘하며 살폈다. 인쇄소에서 수익을 내기 위해 그가 열심히 만든 것은 책이 아니라 홍보 전단지들이었다. 하지만 매달 직원들의 월급과 종이 비용 등을 지불하려면 현금이 필요했다. 결국 빚이나 마찬가지인 어음들을 감당할 수 없어서 파산했다. 인쇄소 파산 후에는 지금으로 말하면 서체 개발자가 되었다. 활자 제조 사업을 벌였지만, 이 역시 적자로 마감해서 다른 사람에게 운영권을 넘겼다.

세 번의 사업 실패로 발자크는 29세에 커다란 빚더미에 올랐다. 게다가 그는 빚에 대한 독특한 '철학'이 있었다. 빚이 감당할 수준을 넘으면 조금 더 빚진다고 해서 달라질 게 없다고 생각했다. 이를테면 월급쟁이가 이미 10억의 빚을 졌다면, 2천만 원쯤 더 대출받는다고 해서 채무 구조가 달라지진 않는다고 생각한 셈이다. 발자크는 '빚에 대한 독특한 철학'으로 빚을 내서 사치도 부리고 여행도 다녔다. 말하자면 카드론을 받아서 돌려막으며 하고 싶은 것을 하면서 살았다고 할 수 있다. '빚 철학' 탓에 평생 빚에 시달리면서 마감 노동자가 되어 소설을 '써댔다'. 원고료를 미리 받아서 다 써버리고는 마감에 맞추려고 하루에 18시간씩 글을 썼다. 그는 소설가로 사는 것에 투덜거리면서도 빚 덕분에(?) 죽을 때까지 맹렬하게 글을 썼다. 우리가 매달 청구되는 카드값 무게 때문에 사표를 던지고 싶어도 꾹 참고 매일 출근하는 것처럼.

발자크 뮤지엄에 가면 그가 생계형 마감 노동자로 치열하게 산 흔적을 만날 수 있다. 그곳에는 발자크가 작은 작업실에 앉아서 하루에 30잔에서 50잔씩 커피를 마시며 원고와 벌였던 전쟁이 전시되어 있다. 깨알 같은 글씨로 빽빽하게 수정한 원고에는 그의 거대한 에너지가 고스란히 담겨있다.

그가 사업을 열정적으로 추진했던 엔진은 어디서 나왔을까? 단순한 물욕이었을까? 발자크만이 알겠지만, 우리처럼 '잘하는 일과 하고 싶은 일'을 혼동했기 때문이 아닐까? 잘하는 일은 소설 쓰기였지만, 작은 책상에 앉아서 원고를 쓰는 마감 노동자의 생활에서 해방되고 싶어 했기 때문이 아닐까? 우리가 현재 밥벌이를 발로 뻥 걷어차고, 막연히 다른 일을 하는 자신을 꿈꾸지만, 결국 잘하는 일로 생계를 꾸리는 것처럼.

인생이 상상하고 계획한 대로 흘러가지 않은 건 문학사에서 눈에 띄는 업적을 이룬 발자크에게도 예외는 아니었다. 그는 사업적 재능을 원했지만, 그의 진짜 재능은 소설 쓰기였다. 그렇다고 사업 실패가 무용하지만은 않았다. 발자크는 책상에 앉아서 머리로만 글을 쓰는 작가가 아니라 생활 최전선에 뛰어들어 현실을 직접 겪었다. 《발자크 평전》을 쓴 슈테판 츠바이크의 표현에 따르면 '돈이 가지는 막강하고 악마적 의미를 체험'했다. 덕분에 발자크는 자신이 겪은 실패를 소설 속 인물들을 통해 탁월하게 가공해서 묘사했다. 작가라는 직업에서 해방되고 싶어 사업을 벌이고 실패했지만, 거기서 얻은 통찰력 덕분에 반짝이는 소설을 썼다.

발자크가 한때 갇혀서 원고를 써댔던 집의 낮은 지붕 위로 현재는 커다란 에펠탑이 솟아있다. 매일 소박한 마당이 있는 집에서 소설을, 그것도 재미있는 소설을 쓰는 작가였지만, 정작 본인은 다른 직업을 꿈꾸었다. 자신의 재능을 부정하고 다른 일에 기웃거리며 빚에 쪼들린 삶을 살았던 작가. 삶은 멀리서 보면 희극이고 가까이서 보면 비극이라고 했던가. 아이러니하게도 그토록 탈출하고 싶어 했던 지긋지긋한 마감 노동자로서의 일상이야말로 그에게 일용할 양식과 명예를 가져다주었다. 발자크 뮤지엄 정원 한쪽 나뭇잎 사이에 그의 흉상이 파묻혀 있었다. 동상인데도 얼굴은 잔뜩 찌푸린 표정이다. 마치 죽어서도 원고 마감에서 풀려나지 못한 것처럼.

그의 소설에서 우리는 종종 욕망에 사로잡힌 인물들을 만나곤 한다. 소설 《나귀 가죽》에서 나귀 가죽은 일종의 부적으로 원하는 걸 모두 이루어주는 대신에 수명을 담보로 잡는다. 원하는 모든 것이 실현되는 기쁨은 잠시, 죽음의 날은 점점 다가온다. 소망을 이룰수록 가죽의 크기는 줄어들고, 가죽이 줄어들수록 죽음이 가까워지고 있다는 사실을 직면해야 한다.

현재 직업이 아니라 다른 일로 인생을 꾸리고 싶다는 생각을 해본 적 없는 사람이 있을까? 머릿속 꿈은 위험이나 비관이 빠져있어서 뭐든 욕망할 수 있다. 다른 일을 하면 근심이 줄어들고 즐거움이 커질 것만 같다. 우리가 머릿속으로 생각만 하는 일을 발자크는 삶을 통째로 던져 살고 직접 보여주었다.

> "인간은 자신의 존재 원천을 고갈시키는 두 가지 본능적인 행위에 의해 기력이 소진되지. 그것은 바로 바람과 행함이라는 말이네. 바람의 행위는 우리를 서서히 불태워 없애고 행함의 행위는 우리를 일

거에 파괴시키지. 하지만 앎은 유약한 우리의 심신 구조를 항구적인 평온 상태로 유지시킨다네."•

바람이 우리를 불태워 없앨지라도 발자크 같은 마감 노동자나 평범한 월급 노동자, 그리고 나 같은 프리랜서에게 '바람'은 생명수이다. 바람이 없으면 일을 이어갈 수도 없을 테니까. 그러면 앎도 없을 것이다. 그러고 보면 망상, 꿈, 상상이 꼭 헛된 것만은 아니다. 지겨운 일을 버틸 힘을 주니까. 발자크가 온 몸을 던져 보여준 삶에서 지겨운 밥벌이를 버틸 그럴듯한 이유를 찾는다.

• 오노레 드 발자크 지음, 《나귀 가죽》, 이철의 옮김, 문학동네, 2016, p.72.

하는 일마다 망해서 자신감이 바닥일 때

도전과 실패
전문가
안도 다다오

우리는 크고 작은 실패로 이루어진 경험체이다. 이를테면 콜레스테롤이 높아서 탄수화물을 줄일 결심을 하지만 작심삼일이다. 빵과 면을 입속에 가득 넣으며 웃음이 삐져나오는 것을 막을 수 없다. 이처럼 사소한 실패를 포함해서 다른 사람들 눈에도 보이는 큰 실패까지. 가고 싶은 학교 대신 점수에 맞는 학교에 다니고, 입사하고 싶은 직장 대신 나를 받아주는 직장에 다닌다. 그럴 때마다 '이번 생은 망했어' 하고 자조하며 실패 블록을 쌓아 올리기 쉽다. 원하고 바라는 것이 좌절되어 실패가 쌓이면 인생은 정말 망한 걸까?

자기 한계를 정하는 사람은 사실은 자기 자신이다. 어떤 선택 상황에 놓일 때 최선을 선택할 수 없을 때가 종종 있다. 그럴 땐 흔히 차선을 선택하곤 하는데 차선은 실패일까? '망했어'라고 중얼거리는 대신 '한 번 더!'라고 외치며 '도전장'을 내미는 사람도 있다. 차선책이더라도 나만의 직업적 무기를 벼려서 원하는 곳으로 걸음을 옮기는 방법도 있다. 그걸 누가 모르나. 알아도 쉽지 않아서 문제지. 결과가 빨리 눈에 안 보이면 자기 불신에 휘말려 쓸데없는 짓이라고 단정하고 등을 돌리기 쉽다. 크고 작은 실패의 흔적만 남아서 새로운 일에 심드렁해지곤 한다. 실패 후에도 '한 판 더' 도전해서 앞으로 나아갈 것인가, 아니면 실패의 궤도를 돌 것인가? 일단 결정을 미루고 원주의 뮤지엄 산, 제주도의 본태박물관 등을 설계한 일본인 건축가 안도 다다오의 특별한 삶으로 들어가 보자. 그의 삶은 무수한 실패사 덕분에 특별해졌다. 실패 블록만 차곡차곡 쌓아 올리고 있다면 그의 삶에서 에너지를 얻을 수 있지 않을까.

현재 안도 다다오는 전 세계를 무대로 노출 콘크리트를 사용한 독특한 건축 스타일을 펼친다. 그런 안도 다다오에게도 흑역사 시절이 있었다. 어린 시절 그는 할머니와 함께 살았다. 가난했고, 공부와는 담을 쌓았다. 고등학교 졸업 후 대학에 진학할 이유를 느끼지 못했다. 생계는 꾸려야 했으므로 2년 동안 권투 선수로 생활했지만, 권투 선수로 살기에 자질이 풍부하지 않은 것을 깨달았다. 그러고는 이 일 저 일 해서 돈을 모아 일본을 여행하면서 건축에 매혹되어 건축 서적을 읽기 시작했다. 그는 필요하다고 생각하면 무엇이든 도전했다. 건축 인테리어 통신교육, 야간 데생 교실 등 그의 표현에 따르면 '잡다한' 일들을 닥치는 대로 경험했다.

그러다 우연히 프랑스 건축가 르 코르뷔지에의 작품집을 접한 후 그의 건축에 푹 빠졌고, 건축 관련 책을 사 모으기 시작했다. 책에서만 건축물을 보는 것에 갈증이 나서 사진에서만 보던 건축물들을 보러 유럽으로 떠나 7개월 동안 세계 여행을 했다. 또래들이 자기 자리에서 미래를 설계할 때 안도는 자기만의 방식으로 미래를 설계한 셈이다. 학교에서 하는 이론 공부가 아니라 현장에 가서 두 눈으로 직접 보면서 자기 방식으로 건축을 연구했다.

그의 작은 체구에는 거대한 패기와 도전 의식이 흘러넘쳤다. 그는 설계사무소를 차리고 '게릴라 집단'이라고 불렀다. 자신이 건축을 공부한 방식으로 회사를 운영했다. 직원들 스스로 상황을 판단하고 순서를 정하고, 시행착오를 하도록 권유했다. 그는 이 과정을 통해서만 전진한다고 믿었다. 실패는 오히려 안도를 앞으로 나아가게 하는 엔진이었다.

그는 처음에는 고향 오사카에 있는 작은 대지에 집을 지으려는 건축주들의 의뢰를 받았다. 그가 설계한 첫 번째 집은 엄청난 장애에 부딪혔다. 좁은 땅에 지은 집은 침실을 2층에 배치하고, 침실로 이어지는 복도의 지붕을 없애고 중정으로 만들었다. 협소 주택인데 3분의 1이 중정이고, 이 중정을 지나야 다른 방으로 갈 수 있었다. 모든 방과 주방, 욕실이 지붕 아래에 있는 보편적이고, 편리한 집과는 동떨어져 있었다. 그는 중정은 널찍한 집에나 어울린다는 일반적 생각을 뒤집었다. 다행히 건축주는 안도의 아이디어를 받아들였고, 결국 집이 완성되었다. 중정을 만들어 개방감을 준 결과 좁은 집에서도 계절과 날씨의 변화를 오롯이 느낄 수 있었다. 기존 관습에서 벗어난 발상으로 지어진 집은 그해 건축계의 주목을 받았지만, 기능적 면에서 비판을 면치 못했다. 비판을 실패로 받아들일 것인가, 아니면 고유한 스타일로 밀고 나갈 것인가. 비판을 실패로 받아들이지 않는 기개가 오늘날의 안도 다다오를 만들지 않았을까?

건축설계사무소를 차린 초창기에 고객이 있을 리 없다. 정규 교육도 안 받은 풋내기 건축가를 찾는 사람이 없는 지난한 시간을 어떻게 보낼 것인가. 스타트업을 시작한 사람도, 자영업자도, 나 같은 프리랜서도, 오라고 손짓하는 회사를 열심히 찾는 취업준비생도 비슷한 고민을 한다. 안도는 앉아서 고객을 기다리는 대신 공공기관에 설계도를 들고 가서 제안하곤 했다. 그의 제안은 가차 없이 무시당하기 일쑤였고, 보너스로 비웃음도 받았다. 그래도 그는 쭈그러들지 않고 실패를 도전의 짝꿍으로 여겼다. '어차피 실현되기 힘들다면 엉뚱한 구상이나 마음껏 하자'로 발상을 전환했다. 안도는 공중정원에 미술관이나 도서관 같은 문화 시설을 집어넣는 구상을 하곤 했다. 그리고 엉뚱한 구상은 머지않아 현실이 되었다.

다카마쓰에서 배를 타고 한 시간쯤 가면 나오시마에 도착한다. 선착장에 내리면 쿠사마 야요이의 시그니처인 붉은 호박이 제일 먼저 반기며 예술 섬의 향기를 풍긴다. 나오시마는 안도 다다오의 섬이라고 할 수 있다. 나오시마의 주인 베네세 코퍼레이션은 폐섬인 나오시마를 체험형 갤러리로 만들고 싶어 했고, 안도 다다오에게 의뢰했다. 처음에는 안도 다다오조차도 '미친' 생각이라고 여겼다. 갤러리를 둘러보려고 배를 타고 외딴섬에 올 사람이 있을지 확신이 없었기 때문이다. 하지만 이 프로젝트의 성공을 굳게 믿는 베네세의 배짱과 안도 다다오의 '창조적 근육'이 만나서 예술의 힘을 입증했다. 이제 나오시마는 섬 전체가 갤러리로 재탄생해서 전 세계에서 사람들을 끌어들이고 있다. 외딴섬은 1년에 2천만 명이 방문하는 명소가 되었다.

안도 다다오는 1941년생이다. 노화와 질병이 그를 습격했다. 하지만 도전하고 실패하고 또 도전했던 그는 오히려 노화와 질병의 공격과도 정면 승부를 하는 것처럼 보인다. 그의 건축관을 담은 다큐멘터리 〈안도 다다오〉에서 안도는 췌장과 비장을 동시에 떼어냈다고 말한다. 의사는 장기 두 개를 동시에 떼어낸 후 건강한 사람을 본 적이 없으니 안도에게 건강한 최초의 사람이 되어달라고 했다. 다큐멘터리 속 안도의 얼굴은 수척해 보였지만, 목소리에는 힘이 들어있었다. 그는 병에 습격당해 뒤로 물러서는 무기력하고 겁먹은 노인이 아니었다. 도전의 짝꿍을 실패로 보고 '한 판 더' 도전했다. 체력조차도 창조적 작업과 마찬가지로 도전하고 실패하고 또 도전한다. 이 회복 탄력성을 유지하는 한 그는 영원한 젊은이가 아닐까?

우리는 안도 다다오의 성취에만 집중하지만, 그의 성취는 무수한 실패 블록이 쌓인 끝에 이뤄진 것이다. 모든 일의 이치는 통하는 구석이 있다. 이를테면 글을 '잘' 쓰고 싶은 마음은 글쓰기와 점점 멀어지게 한다. '잘'을 떼어내고 일단 쓰기와 친해지는 것이 먼저다. 어떤 일이든 일단 친해지면 그다음에 안 보이던 길도 보이고, 나만의 길도 개척할 수 있다. 그러면 어느 순간 '잘' 할 수 있다. 처음부터 잘하는 사람은 없다. 실패할수록 맷집도 늘고 버티는 근육도 늘면 털고 일어나는 힘도 는다. '이번 생은 망했어'라고 움츠리는 대신 '이번에도 실패했지만 한 번 더 하지, 뭐'라고 가볍게 중얼거려 보면 어떨까. 안도 다다오가 보여주었듯이 스스로 한계를 설정하는 것을 피해보자. 일단 나부터라도.

일이 마음에 안 들어서 이직하고 싶을 때

발치사에서
이야기꾼이 된
위화

"한 사람이 성장해 온 과정이 그의 일생을 결정한다."•

현재 직업에 대단히 만족하는 사람이 얼마나 될까? 시

• 위화 지음, 《사람의 목소리는 빛보다 멀리 간다》, 변태성 옮김, 문학동네, 2012, p.148.

간이 흐르면 처음에 입사했을 때와 태도도 마음가짐도 달라진다. 처음에는 낯선 업무를 익히느라 긴장하지만, 차츰 익숙해지면서 점심시간과 퇴근 시간만 기다리고, 휴일이 끝나는 전날엔 출근할 생각만으로도 명치가 묵직해진다. 이쯤 되면 일이 적성에 안 맞지만 특별한 대안이 없어서 그만두지 못할 때가 많다. 직업을 바꾸고 싶어도 대부분은 생각에 그친다. 반면에 어떤 사람은 정말로 원하는 직업으로 바꾼다. 그것도 전혀 개연성 없는 직업으로. 나는 이런 사람 이야기에 저절로 끌린다.

영화로도 제작된 소설 《허삼관 매혈기》를 쓴 중국 작가 위화는 발치사였다. 세계적인 이야기꾼이 이를 뽑는 발치사였다니! 호기심이 발동해서 아드레날린이 솟구친다. 발치사와 소설가 사이에는 어떤 공통점도 없다. 원래 재능이 있었겠지, 하고 생각할지도 모르겠다. 글쓰기 재능이 타고나는 것인지, 후천적 노력인지는 해묵은 논쟁 중 하나이다. 이 논쟁에 위화를 보며 말을 보태자면, 직업으로서 작가의 재능은 '만들어지는 것'이라는 데 무게추를 놓고 싶다.

위화는 문화대혁명 시기에 청소년이었다. 문화대혁명은 마오쩌둥의 주도로 자본주의를 타파하고 사회주의를 실천하고자 시작된 운동이었다. 공산당이 집권했던 시절로 개인은 직업을 선택할 수 없었고, 국가가 직업을 배정해 주었다. 위화의 아버지는 외과 의사였고, 어머니는 내과 의사였다. 부모님은 위화가 대학에 진학하길 원했으나 위화는 공부에 뜻이 없어서 기술고등학교를 졸업했다. 그는 치위생과를 나온 터라 치과 의사란 직업을 배정받았다. 어, 그러면 돈 잘 버는 치과 의사니 적지 않은 혜택을 받았다고 생각할 수 있다. 천만의 말씀이다. 당시에는 어떤 직업이든 월급이 똑같았다.

위화는 하루에 8시간씩 사람들의 입속을 들여다보고 이를 뽑았다. 지금처럼 병원이 치과, 정형외과, 내과 등으로 세분화되기 전에는 상상도 할 수 없는 일이지만, 과거에는 집에서 이를 뽑거나 더 먼 과거에는 이를 뽑으려면 시장이나 이발소에 갔다. 발치는 철로 연장을 만드는 대장장이나 이발사의 몫이었다. '대장장이나 이발사가 이를 뽑는다고?' 놀랄 일이지만 이를 뽑는 일은 정규 대학 교육을 받지 않아도 할 수 있는 대수롭지 않은 일로 여겨지곤 했다.

아무튼 발치사가 된 위화는 5년 동안 1만 개의 이를 뽑았다. 오전에는 사람들의 좁은 입안만 열심히 들여다보다 점심시간이 되어서야 눈을 들어 창밖을 내다보았다. 위화가 근무하는 치위생관 건너편에는 문화원이 있었다. 문화원에는 작가들이 근무했다. 위화 눈에 작가들은 빈둥거리는 것처럼 보였다. 느지막하게 출근해서 거리를 어슬렁거리며 노는 것처럼 보였다. 위화는 '세상에서 가장 작은 세계'인 입속을 들여다보는데 작가들은 하는 일도 없이 넓은 세상을 한가롭게 거닐었다. 더는 사람들 입속을 들여다보고 싶지 않았던 위화는 그만둘 궁리를 했다. 얼른 작가가 되어서 빈둥거리고 싶었다.

생각보다 많은 일이 사소한 개인적 동기에서 시작된다. 위화가 작가의 꿈을 품은 것 역시 훌륭한 소설을 쓰고 싶어서가 아니었다. 작가로 전직하려면 일단 원고를 써야 했다. 그가 써본 글이라고는 문화대혁명기에 공개 게시판 역할을 했던 '대자보'가 다였다. 대자보는 마을 사람들이 오가는 길목에 게시되었다. 대자보에는 이웃의 잘못이나 자기의 잘못을 비판하는 내용이 실렸다. 지금으로 치면 SNS에 누구라도 자기 생각을 써 올리는 것처럼 당시에는 대자보가 그런 역할을 했다. 물론 대자보는 자신과 이웃을 비판해서 마을에 파장을 낳고 나아가 한 사람의 목숨까지 빼앗기도 해서 개인의 취향을 드러내고 추구하는 SNS와는 다르지만, 인터넷이 없던 시절에는 자기 생각을 글로 표현하는 일종의 수단이었다. 위화는 낮에는 사람들의 이를 뽑고, 퇴근 후에는 대자보 쓰던 실력을 발휘해서 글을 쓰기 시작했다.

당시에는 직업의 자유가 제한되어 있던 터라 직업을 바꾸고 싶어도 당이 정한 절차에 따라 승인을 받아야 했다. 위화는 작가가 될 운명이었던 걸까. 행운은 그의 편이었다. 문화대혁명이 끝나고 1천 개나 되는 문학지가 생겼다. 위화는 그때를 이렇게 회상한다. "대량의 문학 지면이 굶주린 아기처럼 한꺼번에 엄마 젖을 기다리고 있었다."•

문학지 춘추전국시대로 무명작가도 자신의 글이 전부 게재되는 기회를 얻었다. 위화는 열심히 소설을 써서

• 위화 지음, 《사람의 목소리는 빛보다 멀리 간다》, 변태성 옮김, 문학동네, 2012, p.137.

여러 문학지에 보냈다. 쓰기만 하면 보낼 곳이 넘쳤다. 한 문학지에 보낸 소설이 실리지 않고 반송되면 수신 주소만 수정해서 다른 문학지에 보내면 그만이었다. 우리도 알다시피 양적 팽창이 이루어진 후에는 질적 성장이 따라온다. 위화는 문학지가 포화 상태였던 덕분에 작가로 활동할 수 있었으니 운이 좋은 셈이다. 이런 좋은 시절이 지나간 후에는 작가가 되려면 문학지의 공모전을 거쳐야 했다. 위화는 이처럼 정치적 상황과 자신이 처한 상황에 따라 자기 일을 헤쳐 나갔다.

그러던 어느 날, 베이징에 있는 한 문학지에서 베이징에 머물며 원고를 수정해 달라고 요청해 왔다. 문학지에서 체류비 전액을 부담하는 조건이었다. 위화는 생각할 것도 없이 치위생관에 무단결근하고 베이징으로 달려갔다. 베이징에서 원고 작업을 끝내고 한 달 만에 집으로 돌아왔을 때 그를 기다리고 있는 것은 무단결근에 대한 비난이 아니었다. 뜻밖에도 마을 사람들은 그에게 존경심을 보여주었다. 고향에서 그는 이제 원고를 고치러 베이징에 다녀온 셀럽이었다. 이 '사건'으로 위화는 당의 까다로운 공식 절차를 거쳐서 마침내 그토록 부러워하던 문화관으로 출근하게 되었다. 문화관으로 출근하는 첫날 위화는 느지막하게 10시쯤 출근했는데도 가장 일찍 출근한 사람이었다.

인생을 바꾸는 첫걸음은 주도면밀한 계획이 아닐 때가 많다. 오히려 오해나 우연에서 비롯되기도 한다. 위화가 작가를 빈둥거리는 사람이라고 오해해 작가에 대한 욕망을 품을 수 있었듯이, 내 일이 아니면 다 편하고 근사할 거라는 착각이 때로는 필요하다. 사소한 착각이 작은 행동을 이끌고 이는 큰 그림의 첫 조각이 된다. 퍼즐이 조각을 맞추어 완성되듯이 직업적 큰 그림도 환경과 상황에 따라 수정되며 완성된다. 그러니 현재 내 일이 만족스럽지 않다면 작은 보폭으로 걷는 것이 도움이 될지도 모른다. 위화도 대자보를 열심히 써댔던 청소년기, 문예지 춘추전국시대에 다작했던 시간이 모여 이전과 다른 현재를 일구었다. 많은 독자들의 사랑을 받는 한 소설가의 탄생은 단순히 발치사라는 자기 직업이 싫어 한가해 보이는 일을 하고 싶었던 열망에서 시작되었다.

글쓰기 강의실에 들어서면 저마다 가슴에 희망을 품고 반짝이는 눈동자를 마주하곤 한다. 낮에 일하고 피곤으로 축축 처지는 눈꺼풀을 애써 치켜뜨는 이유는, 안에서 어떤 꿈틀거림이 올라오기 때문일 것이다. 수강생들을 집 소파가 아닌 강의실 의자에 앉아있게 한 에너지의 근원이 무엇일지 생각한다. 단순히 무언가를 하고 있다는 느낌과 자극이 필요한 건지도 모른다. 하지만 대부분은 생계를 유지하려고 껍데기로 살면서 자신도 모르는 '알맹이'를 끊임없이 찾아 사부작거리는 것일 터. 이럴 땐 '나 탐구'도 필요하고 모색도 필요하지만, 때론 위화처럼 생각은 적게 하고 무조건 저질러 보는 것도 의미 있다.

'어떻게 해야 유명한 작가가 될 수 있나요?'란 질문에 모든 작가의 대답은 단 하나이다. 바로 '쓰기'이다. 위화는 글쓰기는 경험과 같다고 말한다.

> "혼자서 뭔가 경험하지 않으면 자신의 인생을 이해할 수 없다. 글쓰기도 마찬가지다. 직접 써보지 않으면 자신이 무엇을 쓸 수 있는지 알지 못한다."•

• 위화 지음, 《사람의 목소리는 빛보다 멀리 간다》, 변태성 옮김, 문학동네, 2012, p.138.

나는 분야를 막론하고 직업을 바꾸는 과정은 비슷하다고 생각한다. 회사에 사표를 던지고 주식 투자 수익금으로 여행이나 다니고 싶다면 주식 공부를 시작해야 할 것이다. 물이 들어왔을 때 열심히 노를 저어서 조기 은퇴하는 파이어족이 되고 싶다면 '열심히 일하는 시간'이 전제가 된다. 하루아침에 다른 직종에서 전문가가 되는 일은 없다.

위화가 열망을 자기 삶으로 가져올 수 있었던 이유는 퇴근 후에 아무도 보지 않는 글을 쓴 덕분이다. 위화가 첫 걸음을 내딛지 않았다면 지금도 이를 뽑고 있지 않았을까? 그저 부러워하는 사람으로 남지 않았을까? 그랬더라면 우리는 '허삼관'을 만나지 못했을 것이다. 원하는 땀을 흘리기 위해서는 어쩌면 원하지 않는 일에 땀을 더 많이 흘리는 시간을 보내야 하는지도 모르겠다. 다만 그 시간이 괄호 처리가 될 뿐.

약점이 발목을 잡고 늘어질 때

산재도 개성으로
승화시킨
클로드 모네

나는 안 좋은 습관이 있다. 물건을 쓰고 제자리에 두지 않아서 물건을 찾는 데 많은 시간을 쓴다. 여행지에서 사 온 기념품도 집에 오면 어디에 두었는지 잘 모른다. 꽤 고가의 기념품도 내 손에 들어오면 마찬가지 운명이 된다. 물건을 소중하게 보관하지 않으니 물욕이 없어지는 장점이 있다. 적당한 사용감이 있는 고급스러운 가죽 케이스에서 만년필을 꺼내 서명하는 사람을 보면 내가 갖지 못한 취향의 오라를 느낀다. 나는 아무 펜이나 사용해도 괜찮은 사람이다. 심지어 사은품으로 받은 모나미 볼펜조차도 그립감만 썩 나쁘지 않으면 잘 쓰는 편이다. 그 물건이 아니면 안 된다거나 딱히 선호하는 브랜드도 없다. 취향이 곧 계급인 소비사회 피라미드에서 쓸모없는 가장 바닥을 차지하는 소비자인 셈이다. 단점이자 고유한 특징이 다른 각도에서 보면 장점이 될 수 있다. 자본가들은 나처럼 소비에 민감하지 않은 사람들만 있으면 망할 것이다. 신제품이 나와도, 차별화된 제품이 나와도 별로 동요하지 않을 테니까. 뜻하지 않았지만, 소비에 대한 탈취향과 무관심 덕분에 자본주의의 반대편에 서있곤 한다. 게다가 적게 소비하는 것은 환경에도 도움이 된다. 내가 환경 운동에 적극적이지 않더라도 덜 소비하는 습관은 탄소 배출을 줄인다. 단점이 뜻밖의 장점이 된다고 할 수 있다.

이런 사소한 일상적 약점 말고 직업적으로 치명적 약점이 있다면 어떨까? 이를테면 투수인데 손목 인대가 약한 경우, 피아니스트가 꿈인데 손가락이 가늘어서 건반을 누르는 힘이 부족할 경우, 화가인데 백내장이라서 캔버스가 뿌옇게 보인다면? 자기 분야에서 끝까지 뚜벅뚜벅 걸은 사람을 들여다보면, 약점 한 가지쯤 없는 사람은 없다. 외길로 오랫동안 걸었다는 말은 그 일 때문에 생긴 부작용을 잘 극복했다는 말이기도 하다. 다시 말해 약점이 있더라도 약점을 대하는 태도가 달랐다는 말도 된다.

태도는 약점을 파국으로 이끌기도 하지만 한편으로는 전혀 예상 못했던 뜻밖의 곳으로 데려가기도 한다. 모네가 백내장을 앓았다는 사실은 널리 알려져 있다. 색감이나 피사체의 형태를 구별하는 시각이 절대적으로 필요한 화가에게 사물이 뿌옇게 보이는 현상은 치명적 약점이다. 모네는 이 약점마저 장점으로 바꾸었다. 단순히 유명해서일까?

모네는 살아있을 때도 베스트셀러 작가였다. 그렇다고 처음부터 화려하게 시작한 것은 아니었다. 카미유와 가정을 이루고 아이를 키우면서 가장으로서 책임감이 강했지만, 그림이 팔리지 않아 궁핍했다. 경제적으로 나아질 돌파구가 안 보이자 낙담해서 센강에 뛰어들어 자살을 시도한 적도 있다. 다행히 목숨을 건진 모네에게 후원자와 화상이 나타났고, 그는 다시 그림을 그리기 시작했다.

모네는 어릴 때 학교에 앉아있는 것을 힘들어했다. 그는 학교에서 도망쳐서 해변에 앉아서 그림을 그리곤 했다. 실내 작업도 안 맞았던 터라 야외 풍경 그리기에 빠졌다. 그가 학교 교육에 맞추려고 했다면 어땠을까? 우리가 지금 볼 수 있는 풍경화들을 보지 못했을 것이다. 게다가 전에는 유리병에 물감을 담아서 사용했는데 주석 튜브에 담긴 물감이 나와서 모네가 자신의 단점을 뛰어넘는 데 한몫 거든다. 주석 튜브에 넣은 물감은 가볍고, 휴대하기도 편해서 밖으로 나가 사생하기 용이했다. 모든 상황이 모네를 도와주었다. 하지만 모네는 햇빛 아래서 오랫동안 작업한 탓에 나이 들어서 백내장에 걸렸다.

모네는 파리 근교 지베르니에 정착한 후 1908년, 처음 백내장 증상을 느꼈다. 후천성 백내장의 가장 큰 원인은 노화이다. 그 밖에도 흡연, 야외 활동, 자외선 등이 백내장 발병 원인으로 알려져 있다. 모네는 이 모든 조건을 충족시켰다. 나이는 일흔에 가까웠고, 평생 담배를 피웠고, 빛을 좇느라 야외에서 주로 작업해서 자외선에 장시간 노출되었다. 백내장은 눈의 수정체가 혼탁해져서 김이 서린 것처럼 사물이 뿌옇게 보이는 질병이다. 일단 증상이 발생하면 계속 나빠진다. 그의 백내장은 점점 심해졌다. 지금이야 백내장은 간단한 수술로 치료할 수 있지만, 당시 의료 기술로 수술은 위험을 무릅써야 했다. 모네는 자신의 심경을 다음과 같이 말했다.

> "붉은색 물감은 진흙투성이로 범벅이 된 흙탕물처럼 보이고, 분홍색은 정제가 되지 않은 더러운 색으로 보인다네. 초록색과 연두색은 전처럼 촘촘하게 구분되지 않고 내 그림은 어두워져만 가고 있어."•

그 후 오른쪽 눈으로 아무것도 볼 수 없는 지경에 이른다. 상황이 나빠져도 그는 붓을 놓지 않았다. 그의 말에서 알 수 있듯이 그는 전과 다른 그림을, 그리고 마음에 안 드는 그림을 계속 그렸다. 색을 구별할 수 없게 되자 색깔별로 순서대로 물감을 짜놓고 번호를 매겨 색을 외워서 작

• 이지환 지음, 《세종의 허리 가우디의 뼈》, 부키, 2012, p.182.

업했다. 1923년 백내장 수술을 받았지만, 시력이 회복되진 않았다.

백내장을 심하게 앓자, 전처럼 그림을 그릴 수 없었다. 수련의 아름다운 색은 사라지고, 물감이 두껍게 칠해져 어둡고 형체를 알 수 없었다. 미국인 큐레이터 알프레드 바가 모네가 죽은 후 아들 미셸에게서 사 온 모네의 〈수련〉을 1955년부터 몇 차례에 걸쳐 뉴욕 현대미술관에서 전시했다. 바는 모네의 작품이 미국 회화에 많은 영감을 줄 것이라고 믿었고, 실제로 당시 뉴욕의 많은 예술가들이 이 전시를 보러 왔다. 바의 예상대로 모네는 뉴욕에 사는 예술가들에게 영향을 끼쳤다. 그의 작품은 미국 추상주의에 영감을 준 것으로 알려진다. 형태가 사라지고 물감을 뿌리는 행위 등을 캔버스에 담으며 추상성을 추구하는 화가들에게 모네가 백내장을 앓았을 때 그린 그림들은 일종의 뮤즈였다.

모네는 백내장에 절망하면서도 붓을 놓지 않았다. 그 결과, 단점이 개성이 되었다. 우리는 대개 약점을 인정하지 않고 숨기려고 한다. 또 인정한다고 해도 약점을 극복하지 못할 때도 많다. 모네는 백내장 환자로서 사물을 보이는 대로 그렸다. 어둡고 두꺼운 붓질은 실제 모습의 수련과 거리가 있었다. 화가가 사물을 제대로 볼 수 없는 것은 분명히 치명적 단점이지만, 그 단점이 또 하나의 개성을 낳은 셈이다. 만약 모네가 좌절해서 이 시기에 그림을 그리지 않았더라면 어땠을까?

결과 이전에는 항상 과정이 있다. 내 첫 졸저 《어서 와, 혼자 여행은 처음이지?》는 내가 길치인 탓에 쓸 수 있었다. 여행자가 지도를 못 보는 것은 치명적 단점이었다. 지금처럼 구글맵이 세계를 평정하기 전에는 종이 지도를 사용했다. 도시마다 무료로 제공하는 관광 안내 지도에는 원도심의 좁은 구역만 소개되었다. 나는 길치에 지도를 잘 읽지 못해서 언제나 지도 밖으로 나갔다. 지도 밖에는 여행자의 필수 코스인 관광지 대신 현지인들이 사는 평범한 집과 골목이 있었다. 지도 밖으로 나갈 때마다 길을 잃어서 길치인 나를 저주했지만, 돌이켜 보면 다른 도시에 사는 사람들의 모습을 한 발 더 다가가서 보는 기회였다. 이런 과정이 모여서 책을 썼고, 나만의 여행을 기획할 줄 알게 되었고, 생애주기에서 벗어나 살아도 불안과 거리를 두는 통찰력도 길렀다. 이렇게 단점은 나를 예상치 못한 곳으로 이끌곤 한다.

모네가 백내장이라는 치명적 약점에도 불구하고 붓을 놓지 않아서 눈이 보일 때와 다른 그림을 그렸다는 사실에서 커다란 위안을 얻는다. 사소한 단점이든 치명적 단점이든 단점 없는 사람은 없다. 다만 단점을 대하는 태도가 다른 결과를 만든다. 단점이 꼴도 보기 싫어서 등을 돌릴지, 꼴 보기 싫더라도 성실하게 싸울지 생각해 볼만하다.

마지못해 출근하는 하루하루가 고통스러울 때

프라하의 투잡러
프란츠 카프카

'카프카스러운'이란 형용사가 있다. 희망 없고, 참을 수 없는 모든 상황을 일컬을 때 사용한다. 이 땅에 태어나서 살면서 카프카스러운 상황을 겪어보지 않은 사람이 있을까? 그럴 때 우리는 저마다의 방법으로 푼다. 누군가는 맹렬하게 맛집을 순례한다. '인생 뭐 있나, 맛있는 음식 실컷

먹고 배부르면 힐링이지'라고 말하며. 힐링은 몸과 마음이 건강한 상태로 스트레스 요인으로부터 자유로움을 의미한다. 하지만 나는 힐링이란 단어가 행복처럼 주관적이고 모호하다고 생각한다. 어쩌면 힐링은 '일시적'일지도 모른다. 토할 때까지 위를 채워야만 허기가 잦아드는 폭식증 환자처럼 채워도 채워도 해소되지 않는 갈증을 달래느라 맛집 탐험에 진심을 바치는지도 모른다.

또 누군가는 퇴근 후에 남은 힘을 쏟을 대상을 찾곤 한다. 가끔 이런저런 이유로 술을 잔뜩 마신 다음 날 숙취로 가까스로 눈을 뜰 때도 카프카스럽다는 말이 떠오른다. 자제력을 잃은 나 자신에게 실망하고, 몸을 비틀면 전날 마신 알코올 방울이 뚝뚝 떨어질 것 같아 괴롭다. 폭주한 후유증으로 며칠 동안 시름시름 앓으며 무력감에 시달린다. 그러면서 오히려 생에 대한 새로운 의지를 다진다. 나 자신에게 실망하고, 전날과 다르게 살고 싶은 기분이 드는 것이야말로 잘 살고 있다는 신호가 아닐까? 확신에 차서 즐거움만 좇는 삶이야말로 나의 본질을 들여다보기 꺼린다는 방증 아닐까? 체코에서 태어나고 자랐지만, 독일어로 글을 쓴 프란츠 카프카는 '카프카스러운'이라는 단어를 만들어낸 장본인이다. 평생 카프카스럽게 산 그의 삶으로 들어가 보자.

카프카는 상황을 회피하지 않고, 일상을 버텨냈다. 그에게 어른의 삶이란 자기 몫의 하기 싫은 일을 해내는 것이었다. 그는 자기에게 할당된 몫만큼 어른으로 살면서 절망을 받아들이고, 자신만의 방식으로 버텼다. 카프카스러운 상황에서 버티려고 퇴근 후에 '쓰는 사람'으로 살았다. 억압적 환경에 적응하는 척하면서 자신만의 방식으로 저항했다. 카프카의 본캐는 낮에는 산재보험공사 직원이었고, 퇴근하면 글을 쓰는 부캐로 살았다. 본캐와 부캐는, 그러니까 오래된 개념이다.

과거에도 워라밸은 현재만큼 중요했다. 카프카가 살았던 1백 년도 더 전에도 사람들은 우리와 똑같은 것을 추구했다. 어쩌면 카프카는 워라밸을 맹렬하게 추구한 사람이었다. 그는 낮에 사무실에서 업무도 잘 처리했고, 관심사도 많아서 여유 시간에는 여가를 누렸다. 극장에 가서 공연도 보고, 새로운 기술에 관심도 많았다. 게다가 운동도 소홀히 하지 않았다. 매일 아침 창문을 활짝 열고 운동했고, 수영도 잘했고, 노 젓기도 잘하고 즐겼다. 스파와 요양원에 자주 머물며 새로운 건강 요법 프로그램에 참여하곤 했다. 정원을 직접 가꾼 적도 있다. 평생 담배도 안 피웠고, 술과 차, 커피도 피했다. 또 채식주의자가 되기도 했다. 카프카는 여행에 열정이 넘쳐서 다른 나라를 자주 여행하곤 했다. 그의 작품 전반에 배어있는 어두운 그림자 속에 살았던 사람이라고 상상할 수 없을 정도로 활기차게 지냈다.

하지만 그는 다감해서 무엇보다 소음에 민감했다. 집에서 저녁 식사 후에 가족들이 나누는 대화를 소음으로 여겨 조용한 곳을 찾아다녔다. 실제로 아무에게도 방해받지 않는 한적한 곳을 찾아 집을 바꾸곤 했다. 여러 곳을 전전하다 마침내 프라하 성 근처의 황금 소로 22번지에 있는 작은 집에서 평화를 얻었다. 천장도 낮고 공간도 좁은 집에서 퇴근 후에 밤이 짙어지면 글을 쓰곤 했다. 프라하는 겨울이면 햇살을 볼 수 없는 날이 많고, 맑은 날에도 해가 빨리 져서 어둠이 지배하는 도시이다. 카프카는 낮에는 직장인으로 주어진 업무를 처리하다 어둠이 내리면 방황하는 내면을 마음껏 드러냈다. 우리가 퇴근 후에 넷플

릭스를 켜놓고 뒹굴다 잠든 주말을 보낸 후 월요일 아침이 되면 무언가를 하겠다고 다짐하듯이 그는 글을 쓸 다짐을 하곤 했다.

> "오늘부터 일기를 꼭 쓸 것! 규칙적으로 쓸 것! 포기하지 말 것! 설령 아무 구원도 오지 않더라도, 나는 언제라도 구원을 받을만한 가치가 있다."•

우리가 매일 해야 할 일을 하지 않아서 반성 후 다짐하고 또 다짐하듯이, 카프카 역시 일기 쓰기를 강렬하게 다짐하고 있다. 사후 1백 년이 지나도 여전히 연구자들을 매혹하는 카프카조차 사소한 일상의 규칙을 지키지 않은 것에 대한 반성과 결의를 다졌다니.

그가 확신에 찬 사람이었다면 오늘날 많은 사람들이 그가 남긴 소설들에 끌렸을까? 그는 직장에서 꽤 적응도 잘하고 일도 잘해냈지만, 끊임없이 퇴사를 고민했다. 직장을 그만둔다면 잃는 것은 '참아야 할 것을 잃는 것' 외에

• 프란츠 카프카 지음, 《카프카의 일기》, 이유선 외 옮김, 솔, 2017, p.307.

는 없다고 썼다. 그럼에도 선뜻 직장을 그만두지 못했다. 우리가 매일 퇴사하고 싶은 마음이 태평양 같더라도 선뜻 퇴사하지 못하듯이. 그러고는 이번 생에서 내 몫으로 주어진 마음에 안 드는 삶을 버텼다. 그것도 충실히. 카프카는 부유한 집안에 태어나서 생계에 대한 압박도 없었다. 그는 생계만을 위해서 마음에 안 드는 일에 노동을 바친 게 아니라 아버지의 시선, 다시 말해 어른이라면 대체로 하기 싫은 일도 마땅히 감당해야 한다는 시선에 선뜻 목소리를 크게 내지 못했다. 기존 질서에서 벗어나서 '나는 나야'라고 외치지는 못하더라도 조금만 덜 충실했더라면 어땠을까? 퇴근 시간이 되기를 기다리며 대충 일했더라면? 사실 이렇게 지내도 내적 갈등은 있었을 것이다. 자기 자리에서 최선을 다하지도 못하고, 이런저런 이유로 그만두지도 못한 채 시간만 때울 때 가장 힘든 사람은 자기 자신이니까. 다른 사람은 속일 수 있을지 몰라도 자기 자신을 속일 수는 없는 법이다.

> "공장이 내게 가하는 고통, 사람들이 나에게 오후마다 그곳에서 일하라는 의무를 부과했을 때, 왜

나는 그것을 그냥 받아들였을까. 지금 나에게 무력으로 강요하는 사람은 아무도 없다."•

카프카도 어쩌면 하기 싫은 일을 그만두는 법, 게으르게 사는 법 같은 조언이 필요했을지도 모른다. 그의 작품만 본다면 자신이 속한 사회에 적응하지 못한 채 평생 경계인으로 산 것 같지만, 실제 그는 현실에 잘 적응해서 산 편이었다. 다만 그런 자신이 마음에 안 들었고, 이를 《변신》에서 한 마리 벌레가 되는 기분으로 표현했다. 하지만 아이러니하게도 소설 속에서도 그는 자유로운 영혼이 되지 못한다.

5년 동안 외판사원으로 일한 《변신》의 주인공 그레고르는 벌레로 변했어도 출근 걱정, 일 걱정을 한다. 출장 가서 다른 직원들은 느지막하게 일어나 아침 식사를 할 때도 그레고르는 일찍 일어나서 일하고 돌아온다. 그레고르는 다른 직원들을 보고 이렇게 생각한다.

• 프란츠 카프카 지음, 《카프카의 일기》, 이유선 외 옮김, 솔, 2017, p.265.

"부모님 때문에 꾹 참고 있으나 그렇지 않았더라면, 벌써 사표를 냈을 것이고 사장 앞으로 걸어가 내가 생각하고 있는 바를 남김없이 털어놓았을 것이다."●

카프카의 마음은 21세기에도 예외가 아니다. 퇴사하고 싶어도 가족에게 걱정을 끼치지 않고 어른의 몫을 하느라 꾹 참는다. 벌레로 변해서도 아버지, 어머니, 누이가 차례로 와서 출근할 것을 재촉한다. 가족의 압박이 없다면 퇴사할 수 있었을까?

문제를 해결하려면 원인을 알아야 한다. 가족은 해결할 수 없는 압박이고, 또 사는 것이 힘들 때마다 그 원인을 명쾌하게 알 수 없을 때도 많다.

"세상이 날마다 좁아지는구나. 처음에는 하도 넓어서 겁이 났는데, 자꾸 달리다 보니 드디어 좌우로 멀리에서 벽이 보여 행복했었다. 그러나 이 긴 벽

● 프란츠 카프카 지음, 《변신, 시골 의사》, 전영애 옮김, 민음사, 1998, p.11.

들이 어찌나 빨리 양쪽에서 좁혀드는지 나는 어느 새 마지막 방에 와있고, 저기 저 구석에는 덫이 있어, 내가 그리로 달려들어 가고 있다."••

〈작은 우화〉란 단편에서 쥐가 한 말이다. 고양이가 네가 방향을 바꾸면 된다고 말하지만, 결코 간단한 일이 아니다.

카프카는 기존 질서를 따르는 사람들이 겪는 내적 불편함을 주로 글로 썼다. 작품을 읽다 보면 그의 삶이 보이고, 우리의 삶도 겹친다. 나는 문득문득 쥐와 같은 마음이 된다. 바깥은 변한 것이 없는데 안에서 인식하는 방법이 변해서 괴롭다. 그레고르처럼 겉모습이 변하면 내면도 바뀔까? 벌레가 되어서도 일어나야 할 시간보다 늦게 일어나서 기차를 놓친 것을 깨닫고 다음 기차 시간을 헤아리는 것을 보면 사는 것은 원래 다 힘든 게 아닐까?

카프카의 삶과 작품에서 나만 힘든 게 아니라는 위안을 얻는다. 카프카는 자신이 쓴 작품이 출판되기를 원하지 않았다. 자신이 죽은 후에 친구에게 원고를 다 없애달

•• 프란츠 카프카 지음, 《변신, 시골 의사》, 전영애 옮김, 민음사, 1998, p.173.

라고 부탁했지만, 친구가 카프카의 부탁을 들어주지 않은 덕분에 카프카의 작품과 삶은 우리 곁에 남을 수 있었다. 카프카는 매일 쓰지 않으면 자신을 채찍질하면서까지 원고를 썼다. 그런 원고를 왜 없애달라고 했을까? 현생을 버틴 목적을 이루었으니 많은 원고는 그것으로 역할을 다한 셈이 아닐까? 우리가 맛집 순회든 여행이든 여러 가지 딴짓으로 잘 살려고 다독이듯이.

지금 당장, 이곳에서 달아나고 싶을 때

궁핍한
워케이션 파일럿
어니스트 헤밍웨이

일하면서 여행한다니! 생각만으로도 엔도르핀이 퐁퐁 솟는다. 말만이 아니라 정말로 실현할 수 있다며, 어느 날부터 인터넷만 접속하면 관련 이미지가 따라다닌다. 바로 꿈의 워케이션. work와 vacation의 합성어로 직관적으로 받아들여도 일과 휴가의 합성어이다. 이보다 더 이상적인 삶이 있을까. 땀을 흘려서라도 이루고 싶은 워라밸 아닌가. 워케이션을 검색창에 넣으니 매력적이고 이상적인 숙소 알고리즘 천국이 펼쳐졌다.

통유리창 밖에는 빽빽한 건물숲대신 나무가 가득한 진짜 숲이 있거나 수평선이 보이는 파란 바다가 있다. 없던 아이디어도 샘솟을 것 같은 풍경이다. 12시간 동안 일해도 거뜬할 것 같았다. 당장 달려가고 싶었다. 노트북만 있으면 누구와도 연결될 수 있는 시대에 살고 있으니 '워케이셔너가 되겠어'라고 결심하고 날짜를 설정하고 가격을 확인했다. 한 달에 백만 원을 훌쩍 넘고 조금 근사한 곳은 수백만 원이었다. '그림의 떡이잖아.' 대체 이렇게 비싼 비용을 감당할 수 있는 프리랜서가 있는지 궁금해서 후기를 검색했다.

어라, 워케이션의 벽은 높았다. 개인이 아니라 기업, 그것도 대기업이 유능한 MZ세대 직원이 이탈하는 것을 막으려는 복지 혜택이었다. 맥이 탁 풀렸고, 입맛만 쩝쩝 다셨다. 그러니까 수입이 들쭉날쭉한 프리랜서가 가질 수 있는 파이가 아니었다. 직장인이라도 마찬가지다. 매일 9 to 6로 사는데도 통장이 아니라 '텅장'을 가지고 있다면, '다른 사람들은 나만 모르는 비밀을 알고 있는 게 아닐까' 하는 상대적 박탈감이 머릿속을 헤집는다. 그럴 때면 《노인과 바다》를 쓴 어니스트 헤밍웨이의 청년기로 산책을 떠나보자. 나는 헤밍웨이를 워케이션 파일럿이라고 부르고 싶다.

헤밍웨이는 고등학교 졸업 후 기자로 일했다. 그러다 1921년 22세에 캐나다 〈토론토 데일리 스타〉의 특파원으로 파리에 갔다. 첫 번째 아내 해들리와 결혼한 직후였다. 그가 파리로 이주한 첫 번째 목적은 글을 쓰기 위해서였다. 하지만 본캐가 특파원이라 파리에 머물면서 출장을 다니고 여행하며 기사를 썼다.

우리가 직장인이라는 본캐와 다른 일을 하는 부캐를 동시에 유지하기 쉽지 않은 것처럼 헤밍웨이도 마찬가지였다. 특파원이란 직업 특성상 출장이 잦아서 소설 쓰기에 집중하기 어려웠다. 게다가 당시 그가 맡은 업무는 무솔리니를 인터뷰하거나 그리스와 터키 전쟁을 취재하는 일이었다. 글을 쓰는 직업이지만, 소설 쓰기와는 결이 다른 글쓰기였다. 그는 결국 직장을 그만두기로 결심했다. 이 말은 매달 꼬박꼬박 받는 월급을 포기하고, 언제 들어

올지 모르는 원고료로 궁핍하게 살겠다고 마음먹은 것과 같다. 그는 가난하더라도 소설 집필에 집중하며 꿈을 선택했다.

헤밍웨이는 왜 낯선 도시에 끌렸을까? 그는 여행을 좋아했다. 파리는 유럽의 다른 도시들을 여행하기에 아주 좋은 도시이고, 영감을 주는 도시였다. 그는 굶어 죽을 각오까지 할 정도로 워케이셔너로 사는 데 진심이었다. 그러나 워라밸을 챙기며 여유 있게 파리에서 일상을 누리는 작가는 아니었다. 헤밍웨이는 어쩌면 불안도 이기는 패기만 가득한 젊은 무명작가였을지 모른다. 게다가 가족을 책임져야 하는 가장이었다.

그는 가난한 동네인 카르디날 르무완 74번지의 한 아파트에서 살았다. 방 두 개짜리 집으로 온수도 안 나오고 제대로 된 화장실 시설도 없이 간단한 변기통만 있었다. 그럼에도 헤밍웨이가 파일럿 정신을 이어갈 수 있던 이유는 낙천성에 있었다. 그는 불편한 환경에서도 좋은 점을 찾아내곤 했다. 그저 집의 전망만 좋아도, 편안한 침대 하나만 있어도, 아니면 벽에 좋아하는 그림 하나가 걸려있는 것만으로도 충분하다고 말하곤 했다.

궁핍했던 그는 식비를 아끼려고 종종 점심까지 굶었다. 아내에게는 점심 약속이 있다고 거짓말을 하고는 집을 나서곤 했다. 약속은 무슨! 가난한 무명작가를 찾아주는 사람은 없었다. 헤밍웨이는 집에서 나와 주로 뤽상부르 공원과 박물관을 혼자 산책했다. 파리는 사계절 내내 거리 곳곳에서 맛있는 음식 냄새가 피어오르는 도시다. 갓 구운 빵 냄새부터 따뜻한 음식 냄새까지. 이 음식 냄새는 건장한 청년 헤밍웨이를 괴롭혔다. 배고플 때 음식 냄새를 맡으면 더 허기가 지는 법. 헤밍웨이는 허기를 다스리는 방법을 찾아냈다. 식욕을 자극하는 음식 냄새를 피하려고 식당이 없는 골목길을 걸어서 뤽상부르 공원으로 갔다. 그러고는 자기 최면을 걸었다. 배가 고프면 감각이 예민해져서 그림을 감상하기에 최적인 상태가 된다고 믿었다. 신체적 허기가 정신적 허기를 자극해서 배가 부를 때는 안 보였던 것을 꿰뚫어 보는 시선이 생긴다고 자신을 설득했다. '배가 고프다는 것은 건강하다는 뜻이고, 배고플 때 그림이 더 잘 보이는 법'이라고 되뇌었다.

이렇게 굶주림을 다스릴 수 있더라도 그가 쓴 글을 아무도 사지 않으면 그 원고는 휴지 조각이 된다. 글을 쓰는 사람에게는 가장 피하고 싶은 일이지만, 아무도 결과를 예측할 수 없다. 그리고 예측할 수 없는 일에 우리는 불안을 느낀다. 헤밍웨이도 예외는 아니었다. 불안을 잠재우려고 한동안 경마에 몰두하기도 했다. 우리가 내 힘으로 어쩔 수 없는 상황을 만나면 회피하려고 게임에 몰두하거나 의미 없는 유튜브 쇼츠에 몰두하듯이 말이다.

이런 결핍은 실제로 헤밍웨이가 소설을 쓸 때 배경으로 작용했다. 창작의 원천은 많은 경우 결핍에서 나온다. 그는 현실의 허기를 소설 속 인물들에게서 채웠다. 이 무렵에 쓴 소설《태양은 다시 떠오른다》에서는 흥청망청 먹고 마시는 파티 장면이 자주 등장한다. 미식가나 대식가로 묘사된 인물들은 매일 밤 술과 음식이 가득한 파티에서 게걸스럽게 먹어대지만, 다음 날 아침에 일어나면 그들을 기다리는 건 허무함뿐이다. 어쩌면 기사를 써서 월급을 받으면 배를 채울 순 있지만, 마음은 더 허기져서 소설에서는 반대 상황을 설정했을지도 모른다.

헤밍웨이는 파리에서 가난하더라도 자발적 워케이셔너가 얻을 수 있는 것들에 집중했다. 지금은 센 강변에 자리 잡아 관광객들의 핫 플레이스가 된 '셰익스피어 앤 컴

퍼니' 서점은 당시 오데옹 12번지에 있었다. 출판업자 실비아 비치가 운영했고, 파리에 거주하는 작가들이 모이는 아지트였다. 여기서 그는 거트루드 스타인, 제임스 조이스, 에즈라 파운드, 스콧 피츠제럴드 등 당대의 유명한 작가와 출판인 들을 만나서 어울리며 습작했다. 그는 인생에서 좋은 사람들을 만나 서로 영향을 주고받았던 파리를 축제의 도시라고 말했다.

헤밍웨이가 겪은 어려움은 경제적 어려움만이 아니었다. 밥은 굶어도 원고에 대한 희망으로 버텼는데 한번은 원고를 몽땅 잃어버렸다. 알프스에서 휴가를 보내려고 리옹역에서 기차를 기다릴 때였다. 그가 틈틈이 글을 쓰며 고칠 수 있도록 아내 해들리가 그동안 쓴 원고를 전부 가방에 챙겨왔다. 그런데 그 가방을 도난당했다. 헤밍웨이에게 남은 원고는 딱 한 편이었다. 남은 한 편의 사연도 '웃프'다. 원고를 출판사에 보냈는데 반송되어 우체국에서 그가 찾아가기를 기다리는 원고였다. 지금은 세계적인 작가로 사랑받는 헤밍웨이에게도 이렇게 안 풀리던 시절이 있었다. 이런 상황에서 헤밍웨이가 보인 태도는 놀랍다.

그는 아내와 친구들에게 초기 작품들을 잃어버린 것이 자신을 위해 차라리 잘된 일인지도 모른다고 말했다. 이참에 다시 단편소설을 쓸 계획이라고.

> "처음에는 단지 그를 위로하려고 거짓말을 했지만, 그 말을 하는 순간 그것은 진심이 되었다."•

커다란 위기를 만났을 때 자기 능력을 의심하는 것은 도움이 안 된다. 차라리 과장해서라도 자기 능력을 믿는 것이 위안이 되고, 실제 힘을 발휘한다. 헤밍웨이는 다른 사람을 위로하려고 낙담을 거짓으로 바꾸었지만, 실제 잃어버린 단편들을 찾을 수 없으니 다시 쓰는 수밖에 없었다. 배고픔을 자발적으로 선택하고, 어떤 경우에는 선택의 여지가 없을 때마다 작가로서의 정체성에 충실했다. 그는 파리를 축제의 도시로 불렀지만, 우리가 꿈꾸는 화려한 워케이셔너의 모습은 결코 아니었다.

• 어니스트 헤밍웨이 지음, 《파리는 날마다 축제》, 주순애 옮김, 이숲, 2012, p.86.

일도 하고 휴가도 즐기면서 돈까지 많이 버는 일은 세상에 없다. 그렇게 믿고 싶을 뿐이다. 실제로 경치 좋은 지방 도시에서 워케이션을 한 사람들은 근무 장소만 바뀌었지 근무 시간이 똑같아서 퇴근 후에는 다른 걸 할 여력이 없다고 말한다. 다만 대도시가 아닌 다른 곳에 있다는 '생각'이 피로를 덜어준다고 말한다.

낙원 같은 곳에서 근사한 일몰과 일출을 보며 일을 하다 보면, 일에 소홀할 수밖에 없을지도 모른다. 어쩌면 다른 도시에 있어도 제대로 즐기지 못하는 자신을 탓할 수도 있다. 이럴 때 헤밍웨이의 말은 위안이 된다.

> "다른 나라에 간다고 해서 달라지는 건 없어. 나도 벌써 그런 짓은 모조리 해봤어. 이 나라에서 저 나라로 옮겨 다닌다고 해서 너 자신한테서 달아날 수 있는 건 아냐. 그래봤자 별거 없어."••

워케이션은 우리의 환상을 극단적으로 자극하는 말인

•• 어니스트 헤밍웨이 지음, 《태양은 다시 떠오른다》, 김욱동 옮김, 민음사, 2012, p.24.

지도 모른다. 아름다운 자연 속에서 일도 하고 휴가도 즐길 수 있다는 환상. 환상을 품는 진짜 이유는 아마도 마음에 안 드는 것들로부터 달아나고 싶었기 때문 아닐까. “좋아하는 것을 즐기기 위해서는 나름의 대가를 치러야 한다. 대가를 치르고 얻었을 때, 그것을 아는 것이야말로 삶을 즐기는 것”•이란 헤밍웨이의 말을 가슴에 새긴다.

• 어니스트 헤밍웨이 지음, 《태양은 다시 떠오른다》, 김욱동 옮김, 민음사, 2012, p.280.

입사와 퇴사의 도돌이표를 반복할 때

작곡하는
직장인
바흐

일은 인간관계만큼이나 한마디로 명쾌하게 정의할 수 없다. 나는 삼십 대에 약 2년 동안 그럴듯하게 말하면 일을 잠시 멈추고, 여행하거나 진로를 탐색하는 갭이어를 보냈다. 삐딱하게 말하면 자발적 백수로 보냈다. 마흔의 내 모습을 떠올렸을 때 삼십 대의 나로 살고 싶지 않았다. 그렇다고 미래 자아상이 있는 것도 아니었다. 그냥 현재의 나로 마흔을 맞이하고 싶지 않았다. 막연하게 직업을 바꾸고 싶었고 두 번 퇴사했다. 계획적 퇴사가 아니었기 때문에 나는 시간 부자, 다시 말해 백수였다. 수입은 제로였지만, 매달 카드결제대금은 줄지 않아서 통장 잔고가 쑥쑥 내려갔다. 가벼워지는 통장 잔고보다 더 힘껏 견뎌야 하는 것은 주변의 시선이었다. 나름 준비 기간으로 명명하고 물밑(?)에서 하루를 온전히 내가 설계하고 시간을 보냈지만, 다른 사람들 눈에는 그냥 '백수'였다. 이 시선은 점점 내 것이 되어 다른 사람들처럼 나 자신을 바라보았다.

일은 나의 일부일 뿐이라고 속으로 외치지만, 공식적으로 나를 설명하는 말이기도 하다. 일을 대하는 태도, 일하면서 만나는 사람들, 하기 싫은 일을 해야 하는 어쩔 수 없는 상황, 그리고 그 시간을 견디며 얻은 것과 잃은 것 등이 나를 이룬다. 이 모든 것 뒤에는 책임감이 있다. 나에 대한 책임감, 타인에 대한 책임감.

혼자 하는 일처럼 보이는 책 쓰기도 혼자 완성되지 않는다. 사적 경험을 바탕으로 쓰는 에세이도 자료 조사가 필수이다. 그 과정에서 전혀 관심 없던 책도 읽고, 읽기 싫은 책도 읽는다. 보이지도 않고, 있더라도 한 줌인 독자를 상상한다. 또 책이란 물성을 가지고 세상에 나올 때까지 디자이너, 편집자, 마케터 등 출판사 여러 사람의 시선이 들어간다. 고작 책 한 권 만드는 데 이렇게 많은 사람이 고심했는데도 출간 후에 해피엔딩이 아닐 때도 많다. 출판만 그런 것이 아니다. 내 뜻대로 일이 흘러가지 않아서 마음이 상하는 일은 언제나 있기 마련이다. 이처럼 혼자 하는 일처럼 보이는 일조차 들여다보면 혼자 하지 않는다. 알고 보면 혼자 하는 일이란 없다. 아무리 창의적인 일이라도 말이다.

일의 속성은 분야를 막론하고 비슷한 구석이 있다. 피겨스케이팅 선수는 스케이트만 잘 타면 될 것 같지만 그렇지 않다. '스케이트만'은 겉으로 볼 때이고, 아름다운 기술을 실수 없이 수행하려면 기초 체력 훈련에 하루 중 대부분의 시간을 보내야 한다. 우리가 경기장에서 보는 짧은 시간은 경기장 밖에서 많은 시간을 쏟은 결과물이다. 눈에 보이는 결과물은 하기 싫은 많은 일들을 일상적으로 반복했을 때 나온다. 식단 조절, 근력 운동, 일상에서의 절제 등 아무도 주목하지 않은 작은 일의 집합이다. 운동선수나 일반 직장인의 일과는 그래도 짐작이 되지만, 창의적 예술가의 일은 어떨까? 더구나 음악의 아버지인 바흐 같은 대가는 음악적 삶을 살았을까? 음악적 삶이란 무엇일까? 음악만 하는 삶일까?

바흐는 우리가 알고 있듯이 교회 음악가이다. 바흐의 집안은 대대로 음악가 집안이었다. 바흐의 아버지는 궁정 음악가였고, 사촌들도 음악가였다. 형도 교회 오르간 연주자였다. 집안 분위기로 짐작하건대 바흐는 오르간 연주를 듣고 자랐을 것이다. 직업인으로서 음악가가 되기 전부터 음악적 삶을 산 셈이다. 현재 우리가 지하철에서 헤드셋만 있으면 K-팝 속으로 빠져 출퇴근 시간에도 음악적 삶을 누리듯이 말이다.

바흐가 살았던 당시 독일의 중북부 지방 튀링겐을 중심으로 교회음악이 발달했다. 이는 종교 개혁가 루터의 영향이었다. 루터는 음악이 하나님의 선물이자 축복으로 분노와 절망, 질투, 교만 등 사악하고 더러운 감정을 잊게 해준다며 신학 다음으로 중요하게 여겼다. 게다가 바흐가 살던 시대에는 개인이 선택할 수 있는 다양한 직업이 없었고, 보통 가업을 이어받곤 했다. 이런 시대적 배경과 개인적 환경 속에서 바흐는 자연스럽게 교회 음악가로서 길을 걷게 된다.

바흐는 열 살에 부모님을 여의었다. 그러자 8남매가 친척 집으로 뿔뿔이 흩어졌고, 바흐는 오르간 연주자인 큰형 집에서 살았다. 바흐는 형의 돌봄을 받았지만, 계속 형에게 기댈 수 없는 노릇이었다. 그는 대학에 진학하는 대신 취업 문을 두드린다. 우리가 이왕이면 중소기업보다 대기업을 선호하듯이 바흐도 튀링겐 지방의 오래된 도시인 장거하우젠에서 가장 큰 교회에 오르간 연주자로 지원했다. 바흐는 모차르트와 같은 천재과가 아니었다. 입사 지원 결과는 불합격. 입사하고 싶은 곳에서 거절당하고, 상황에 떠밀려 취업하는 상황은 누구에게나 일어난다. 심지어 바흐에게도. 결국 바흐는 한 궁정(작센 바이마르)에서 시종 겸 바이올리니스트로 첫발을 내디뎠다.

우리는 첫 직장에 입사한 후에야 비로소 직업 적성을 고민하기 시작한다. 직장에 들어가 현장에서 실무를 경험하기 전에 우리가 체감하는 일은 매우 추상적이다. 일의 일반적인 면만 보기 마련이라 입사한 후에야 일의 구체적 본질을 깨닫는다. 일이란 좋아하는 것은 잠시 하고, 비효율적이라고 생각되더라도 조직이 요구하는 세부 사항에 시간을 바치는 것이라는 사실을 배워간다. 이때부터 사회의 진짜 얼굴을 만나고, 가슴속에 다른 직장에 대한 열망 혹은 다른 직업에 대한 환상을 품는다.

바흐도 고작 6개월 동안 궁정 음악가로 일하지만, 많은 것을 깨닫고 그만둔다. 이렇게 바흐의 첫 시작은 화려하지도 않았고 주목받지도 못했다. 그는 그저 자신을 부양하기 위해 할 수 있는 일에 책임을 다하며 이직을 거듭하는 직장인이었다.

교회음악이 발달한 시기라 교회에 새 오르간이 들어오면 시연 연주자가 오르간을 테스트했다. 바흐는 한 교회의 오르간 시연자로 지원했고, 바흐의 연주를 들은 교회는 바흐에게 오르간 연주자 자리를 제안했다. 바흐는 이렇게 교회 음악가로 첫발을 내딛고, 이 교회 저 교회로 이직하면서 30년 넘게 일했다.

직장을 옮기다 보면 직장마다 특성이 있다는 사실을

발견한다. 똑같이 마케팅 부서에 입사한다고 할지라도 말이다. 교회도 마찬가지였다. 오르간 연주자로 취업해도 어떤 교회에서는 매주 예배 시간에 부르는 찬송가를 작곡하기를 요구했다. 그 덕분에 바흐는 신에 대한 사랑을 노래하는 칸타타와 프렐류드를 200곡 이상 썼다. 21세기 K-직장인이 엑셀 시트와 씨름하며 보고서를 쓴다면 바흐는 오선지에 찬송가를 썼다.

나는 K-직장인에게 마음 깊은 곳에서 우러난 존경심이 있다. 특히 20년 이상 직장인으로 살았다는 말은 매일 9 to 6 시간표대로 살았다는 말이다. 학교도 종종 결석하곤 했던 나는 흉내도 낼 수 없는 대단한 일이다. 하지만 직장인의 직업 특성은 '대체 가능성'이다. 아무리 유능한 직장인이라도 그의 업무는 다른 사람이 대신할 수 있다. 직장에 다닐 때 자아 효능감이 만렙이더라도 퇴사해서 그 조직을 벗어나면 효능감도 신기루처럼 사라진다. 바흐 역시 오늘날 K-직장인에 가까웠을지도 모른다.

K-직장인도 조직에만 충성하는 사람이 있는가 하면, 틈만 나면 딴짓을 하는 사람도 있다. 바흐의 마음을 정확히는 알 수 없지만, 그의 행보를 보면 틈만 나면 다른 곳을

보았던 사람인 것 같다. 바흐가 만약 교회의 관습만 따르는 직장인이었다면 음악의 아버지가 되지 못했을 것이다.

마을이 교회를 중심으로 돌아가던 때 바흐는 더 나은 조건에서 일할 수 있는 직장을 꿈꾼다. 한번은 이직의 꿈을 품고 다른 도시에 있는 교회 오르간 시연자로 지원하러 가서 며칠 동안 집에 돌아오지 않았다. 어떤 일이 있었는지 기록이 남아있지 않지만, 분명한 사실은 바흐가 집에 돌아와서 전과는 다른 방식으로 오르간을 연주했다는 것이다. 교회 사람들은 며칠 사이에 바뀐 바흐의 새로운 연주 기법에 대해 불평했지만, 바흐는 자기만의 연주 방식을 이어갔다. 관습에서 벗어나려면 모두가 다 반대하며 불평해도 여기에 맞설 용기가 필요하다. 그러고는 마침내 다른 도시로 오디션을 보러 가서 오르간 연주자가 된다. 이때 연주한 곡이 자신이 작곡한 〈그리스도는 죽음의 포로가 되어도Christ lag in Todes Banden, BWV4〉였다.

그 후 23세에 바이마르 궁정 오르간 연주자 겸 실내악단 단원으로 10년 가까이 일했다. 한 분야에서 3년 이상 일했다면 아무리 부정하고 싶어도 적성에 맞을 확률이 높다. 3년은 어떤 일에 대한 적성을 파악하는 분기점이라고 생각하는 편이다. 3년이 넘으면 그 일의 '경력자'로 편입된다. 한번쯤은 경력자가 되어볼 만하다. 한 분야에서 오래 버틴 이들은 다른 분야로 옮겨도 일을 익히고 버티는 감각이 있기 때문이다.

바흐는 10년 동안 여러 곳으로 옮겨 다니며 오르간 연주의 대가로 자리 잡았다. 토카타와 코랄 전주곡 등도 이 시기에 작곡했다. 그는 그 후 다시 궁정 음악가로 산다. 괴텐 궁정에서는 연봉을 두둑하게 받고 관현악을 이끄는 지휘자인 카펠마이스터가 된다. 괴텐 궁정은 교회음악을 중요하게 여기지 않아서 바흐는 교회음악을 작곡하는 부담에서 벗어나서 자유롭게 합주곡이나 실내악을 작곡했다. 괴텐 궁정에서는 작곡에 몰두할 수 있어서 그곳에서 평생 일하고 싶어 했지만, 뜻대로 되지 않았다.

이후 바흐는 성 토마스 학교와 라이프치히에 있는 4개 교회의 교회음악을 담당하는 칸토르, 다시 말해 음악 총감독으로 입사한다. 입사 조건은 음악 감독 외에도 학생들에게 라틴어를 가르치는 것이었다. 바흐는 이 교회에서 20년 동안 근무한다. 매주 한 곡씩 교회 칸타타를 작곡하고 〈마태 수난곡〉, 〈푸가의 기법〉 등을 썼다. 바흐가 많은 작품을 썼던 배경은 천재라서가 아니다. 교회마다 궁정마다 바흐에게 원하는 것이 조금씩 달랐고, 바흐는 주어진 일에 책임을 다했다. 우리가 상상하듯 예술적 영감으로 악상이 떠올라 오선지에 옮기는 모습과는 다르다. 바흐의 일대기를 보면 영감에 기대기보다 오히려 회사에 보고서를 제출하듯이 곡을 쓴 것처럼 보인다.

어릴 때는 예술가는 타고난다고 생각했다. 태어날 때부터 재능이 있어서 예술가가 되었다고 믿었는데 예술가도 결국에는 하나의 직업이라고 생각이 바뀌었다. 우리에게 바흐는 천재 음악가이고 음악의 아버지이지만, 당시에는 교회나 궁정, 시의회에 소속되어 행사에 필요한 음악을 작곡하거나 감독하는 업무를 수행했을 뿐이다. 나중에도 '베를린의 바흐' 또는 '함부르크의 바흐'라고 불리던 둘째 아들 카를 필리프 에마누엘 바흐와 '런던의 바흐' 혹은 '밀라노의 바흐'로 알려진 막내아들 요한 크리스티안 바흐의 아버지로 더 알려질 정도로 바흐는 주목받지 못했다.

아무리 창의적인 일도 가까이서 들여다보면 하루하루

주어진 일을 책임감으로 무장해서 끝낼 때 이루어진다. 나는 무명작가로서 아무도 주목하지 않는 외로운 집필 작업을 하면서 바흐 이야기에서 많은 위안을 얻는다. K-직장인들이 무한 반복되지만, 눈에 띄지 않는 업무를 버티고 신성한 밥벌이를 하는 것처럼. 바흐도 입사와 퇴사의 도돌이표를 돌며 밥벌이의 신성함을 지켰다.

세찬 물살은 작은 물줄기가 모일 때 생긴다. 아무리 음악적 대가의 창의적 작업일지라도 말이다. 대단한 작곡으로 한 번에 눈에 띄는 사람이 되겠다는 결심이 아니라 하루하루 맡은 일에 책임을 다하면서 다듬을 때 걸작도 만들어진다. 멋진 인생도 커다란 이벤트 한 방이 아니라 책임감으로 꾸역꾸역 자잘한 일을 해내고 일상을 꾸릴 때 완성된다.

제2부

자기긍정 인생론, 두 번째

일상의
감옥에
갇히는
사람

vs.

일상을
이기는
사람

덕질이
구원처럼
느껴질 때

퓌센의
건축 덕후
루트비히 2세

지금 하는 일이 마음에 들지 않을 때 버티는 법은 딴짓과 덕질이라고 믿는 편이다. 덕질은 양면성이 있다. 지나치면 일상도 무너지고 심지어 자신도 파괴한다. 하지만 누군가의 덕질로 다른 사람은 고급 취향을 누릴 수 있다. 소소한 덕질은 일상의 잔잔함을 보호한다. 스케일이 큰 덕질은 파괴적 속성이 있지만 후대를 기쁘게 한다. 이런 예는 얼마든지 있다.

'태양왕'으로 알려진 루이 14세는 알려져 있듯이 호화스럽게 살았다. 궁정 생활은 사치의 극치였고 특히 발레를 사랑했다. 궁전에서는 발레 공연이 종종 열렸다. 발레는 종합예술로 무용수가 있어야 하고 발레에 맞는 의상과 음악도 있어야 한다. 발레 공연 발달로 발레는 물론 발레 의상과 발레 음악도 같이 발달했다. 절대군주 시대, 왕의 기호에 따라 각기 다른 예술 장르가 발전했다. 왕이 애정하는 예술에 자본이 흐르고 사람이 모였다. 이 진리는 절대군주 시대만의 일은 아니고 현대에도 마찬가지다.

19세기 독일 남부 지방 바이에른 왕국에 자신을 '태양왕'의 낭만적 그림자로 생각하며 '달왕'이라고 여긴 왕이 있었다. 바로 루트비히 2세이다. 바이에른주에 루트비히 2세가 품었던 열정이 고스란히 남아있다. 그는 군주제가 쇠락해 가는 시기에 왕이 되었다. 아버지를 일찍 여의고 19세에 왕좌에 올랐다. 오스트리아와 프러시아에 둘러싸여 전쟁이 한창이었고, 바이에른 왕국도 전쟁에 참여

할 수밖에 없었다. 하지만 그는 정치에는 관심이 전혀 없었다. 그를 둘러싼 어른들의 정치질에 신경이 쇠약해져서 움츠러들었다. 그는 문학, 예술과 음악, 그리고 궁전 건축 덕질로 달아났다. 극장을 만들어 대중들에게 셰익스피어부터 모차르트까지 다양한 예술가들을 소개하고 공연을 올렸으며 직접 연극에 참여도 했다. 그에게 예술은 차갑고 숨 막히는 궁정 생활로부터 달아나는 안식처였다. 그는 바그너 음악의 열렬한 팬으로 바그너가 진 빚을 다 갚아주었고, 바그너를 곁에 두고 물심양면으로 후원했다.

왕이란 직업(?)은 루트비히 2세의 적성에 안 맞았다. 그는 복잡한 국정에 점점 흥미를 잃었다. 우리가 처음 입사해서 일을 배우다 일 자체가 안 맞는 것을 깨닫고 점점 흥미를 잃어 달아날 궁리를 하는 것처럼 말이다. 어느 날 그는 베르사유 궁전을 보고 돌아와서는 프랑스처럼 화려한 궁전이 바이에른 왕국에 하나도 없는 것을 한탄했다. 그는 베르사유 궁전 같은 궁전을 건설하려는 로망을 품었다. '부럽게도' 그에게는 실행할 힘이 있었다. 그는 왕이었으니까.

그는 왕실 재산을 호화로운 성을 짓는 데 아낌없이 썼

다. 결국 왕실 재정이 어려워서 나중에 개인 대출까지 받아서 궁전을 짓는 덕질에 몰입했다. 그의 탐미적 취향은 극으로 치달았다. 그럴수록 국정에는 소홀할 수밖에 없었고, 재정도 파산으로 몰고 가서 결국 왕좌에서 쫓겨났다. 폐위된 지 며칠 후에 그는 근처 지방 호수에서 사체로 발견되었다. 그의 죽음은 공식적으로는 자살이라고 발표되었지만 아무도 정확한 이유를 모르는 의문사에 가까웠다.

그가 재산을 탕진하며 했던 덕질의 유산은 매년 전 세계의 관광객을 바이에른으로 불러 모은다. 먼저 오버아머가우의 알프스 자락에 둘러싸인 린더호프 성이 있다. 고즈넉한 숲길을 따라가면 린더호프 성이 모습을 드러낸다. 이 성은 여름 궁전으로 베르사유 궁전을 모방하려는 루트비히 2세의 욕구가 그대로 반영되어 있다. 규모는 작지만 화려하고, 베르사유 궁전처럼 거울의 방도 있고, 정원도 베르사유 궁전의 트리아농을 본떠 만들었다. 이곳에서 '달왕'답게 루트비히 2세는 햇빛을 피해 어둠 속에서 불을 밝히고 산책을 했고, 실제로 달빛 아래서 썰매 타기를 즐겼다고 한다.

그의 덕질은 퓌센의 노이슈반슈타인 성에서 정점을 찍는다. 슈타인이 백조란 뜻이라 '백조 성'이라고도 불리는데 원래 요새였다. 요새는 전쟁에서 적들로부터 영토를 지키기 위한 목적으로 지어지므로 주로 높고 고립된 지역에 자리 잡았다. 성으로 가려면 40분가량 걸어 올라가야 한다. 길 경사는 완만하고, 성 뒤로는 산이 병풍처럼 드리워져 있다. 성을 마주 보며 걸음을 옮기면 보이는 것이라곤 성뿐이다. 가까이 갈수록 성은 점점 커져서 머리와 어깨를 감싼다. 마침내 성 앞에 다다라서 고개를 들면 눈에 한가득 성이 들어온다. 무언가에 가까이 다가가는 것은 주변에 있는 것들을 못 보고 놓치는 일인지도 모른다. 영토를 지키는 일도, 자신의 신념을 지키는 일도, 고립을 각오해야 하는 일이 아닐까. 루트비히 2세가 성을 지을 결심에 빠진 맹목성을 헤아릴 수 있을 것도 같다.

당시 군사적 목적으로 쓰였던 요새를 성으로 리모델링하는 것이 유행이었다. 루트비히 2세는 머릿속에서 떠다니는 이미지를 실제로 구현해 인상적인 성으로 바꾸는 작업에 착수했다. 설계도부터 건축 재료를 사들이는 것까지 직접 진두지휘했다. 자신이 사는 동화 속 세계를 현실에 그대로 옮겨오려고 했다. 당시 그는 바그너 오페라에 푹 빠져있었던 터라 노이슈반슈타인 성은 바그너를 위한, 바그너의 성이라고도 할 수 있다. 루트비히 2세의 묻지도 따지지도 않는 후원이 없었더라면 오페라 〈탄호이저〉는 세상에 못 나왔을지도 모른다. 그는 〈탄호이저〉를 모티브로 노이슈반슈타인 성을 리모델링했다. 성 곳곳에 있는 방들 콘셉트는 〈탄호이저〉 주제에서 가져왔다.

성의 사방에 보이는 것은 산뿐이었다. 산속에 홀로 자리 잡은 성은 마치 루트비히 2세의 마음 같았다. 정치, 전쟁 등 성 밖의 사람들이 만들어내는 복잡한 세상과 단절된 곳이었다. 예술이 노래하는 세상 속에 푹 빠지기에 더할 나위 없이 좋은 곳이었다. 이 몰입은 이해받지 못하고 고립을 더욱 재촉했을 것이다.

루트비히 2세가 왕이 되지 않았더라면 어땠을까? 자신에게 맞지 않는 자리에 어쩔 수 없이 앉아서 도망치느라 덕질 세계에 빠져 살았지만, 그는 결국 완성된 성을 보지 못했다. 그렇게 격렬하게 몰입한 대상이 마침내 눈앞에서 실현되었더라도 희열은 잠시이고, 현실 도피를 할 수 있는 또 다른 대상이 필요했을지도 모른다.

노이슈반슈타인 성이 전 세계에 알려진 것은 디즈니사 사장 덕분이다. 디즈니사 사장이 이 성을 다녀간 후에 그 아름다움에 반해서 성을 모델로 회사 로고를 만들었다. 디즈니 애니메이션의 첫 부분에 성 이미지가 반짝이며 나타났다가 사라지는데 이 이미지가 바로 노이슈반슈타인 성이다. 디즈니사의 상징이 되면서 관광객의 관심도 더불어 반짝반짝 빛나게 되었다.

미치광이 왕으로 알려진 채 생을 마감한 루트비히 2세. 그는 의문의 죽음 속으로 사라졌지만, 우리는 그의 덕질이 남긴 탐미적 취향의 끝판을 보러 몰려간다. 건축 덕질 끝판왕이었던 그는 당대에 사는 사람들을 힘들게 했고 비난받았다. 시간이 흐르면서 그의 미치광이 짓은 예술이란 이름을 얻어 불멸한다. 루트비히 2세를 죽음으로 몰아넣었던 이해받지 못한 흔적은 이제 예술로 명명되었다.

광기와 예술의 경계는 무엇일까? 광기와 예술의 운명은 같을 때도 있고, 전혀 다른 길을 갈 때도 있다. 한 시대에 골칫거리가 다른 시대에는 찬사를 받는다. 시대에 따라 불리는 이름이 달라지는 걸까? 아니면 디즈니의 로고가 되어서일까? 아무튼 덕질로 버텼던 왕, 루트비히 2세는 덕질의 끝판까지 가는 바람에 전 세계 사람들에게 불멸의 왕이 되었다.

덕질로 수입을 탕진한다고 괴로워말지어다. 내 취향이 듬뿍 담긴 덕질이 나중에 누군가에게 커다란 기쁨을 줄 수 있을지 모른다. 모든 덕후에게 은총이 내리기를.

이번 생이 마음에 안 들 때

리스본의 '내면 여행가' 페르난두 페소아

프랑스인들은 바캉스를 위해 일 년을 산다는 말이 있다. 바캉스를 가기 위해 일하고 바캉스만 되면 모두 도시를 떠난다. 한때 나는 프랑스인에 빙의되어 산 적이 있다. 일 년 동안 시간과 노동력을 바치고 그 대가를 손에 쥐면 비행기에 오르곤 했다. 우리와 다른 언어를 사용하는 나라에 가는 데 진심이었다. 집에 돌아오자마자 다시 다른 나라로 떠날 준비를 하며 항공권을 검색했다. 머릿속으로는 휴가 일정을 이리저리 빼느라 분주했고, 마음은 노트북 화면 속에서 만난 이국적 풍경에 온통 쏠려 있었다.

떠나도 떠나도 갈증이 났고, 이를 외면한 채 그저 여행에 미쳐서라고만 나를 속이곤 했다. 글을 쓰면서 깨달았다. 마음에 안 드는 일상, 더 정확히 말하면 그 일상을 꾸리는 나에게서 달아나려고 했다. 내가 속한 풍경을 지우고 다른 풍경으로 달려가면 잠시지만 다른 사람이 되곤 했다. 마음에 안 드는 나를 잊을 수 있었다. 출입국신고서 직업란에 가끔 '싱어송라이터'라고 썼다. 그러면 심장이 쿵쾅거렸다. 상상만으로 좋아서, 그리고 거짓말이 들통날까 봐.

이런 속임수는 시간이 지나면 약효가 사라지는 진통제 같았다. 집에 돌아오면 약효는 떨어지고, 더 시름시름 앓았다. 나는 여전히 나였다. 그렇다고 구체적 '자아상'이 있는 것도 아니었다. 그랬다면 달아나는 대신 미래의 자아상을 실현하려고 현실에 단단히 서있었을 것이다. 그냥 현재의 내가 마음에 안 들었고, 그런 나를 어떻게 받아들여야 할지 아무도 가르쳐주지 않았다. 그럴 때마다 내가 아는 유일한 방법에 매달렸다. 여행은 나에게 마지막 보루였다. 언어가 안 통하는 도시에 가서 기차와 버스를 타고 이동하고, 낯선 화폐를 사용해서 밥값과 커피값을 계산하면 마치 내가 대단한 일을 해낸 사람처럼 느껴졌다. 지극히 일상적인 일을 했을 뿐인데 말이다. 어쩌면 매일 반복해서 하는 일에도 대단하다는 시선이 필요했기 때문에 다른 나라로 떠나곤 했는지도 모른다.

하지만 집에 돌아오면 '다른 나'는 신기루처럼 사라졌다. 출입국신고서에 쓴 거짓말은 어릴 적 적어 낸 장래 희망처럼 힘이 없었다. 여행자는 집에 돌아오니까.

내 일상이 마음에 안 들어 달아났지만, 허기만 남는다면 《불안의 서》로 우리에게 알려진 페르난두 페소아의 여행법을 빌려오면 어떨까?

나는 페소아를 '내면 여행가'이자 '자아 여행가'라고 부르고 싶다. 그는 재혼한 어머니를 따라 남아프리카공화국에 가서 그곳에서 고등학교를 마친 후 18세에 다시 리스본으로 혼자 돌아왔다. 그 후 페소아는 리스본 밖으로 거의 떠나지 않고, 죽을 때까지 리스본에 살았다. 그의 몸은 리스본을 떠나지 않았지만, 그는 아주 특별한 여행을 떠나곤 했다. 그는 '이명'을 사용해서 다른 인물들 속을 여행했다.

일부 작가나 예술가 들은 본명이 아닌 예명이나 필명으로 작품 활동을 하곤 한다. 하지만 그가 사용한 이명은 예명이나 필명과는 다르다. 필명이나 가명은 이름만 다를 뿐 같은 사람이다. 페소아는 80개가 넘는 '이명'을 사용했다. 단순히 이름을 만든 게 아니라 이름마다 각기 다른 정체성을 부여했다. 마치 진짜 실재하는 사람처럼 태어난 날부터 시작해서 출신, 외모, 성격, 세계관 등을 '창조'해서 이름을 붙였다. 이렇게 페소아의 손에서 태어난 이명은 더는 페소아가 아니었다. 그들은 고유한 문체로 글을 쓰고, 하나의 주제나 작품에 대해 서로 토론도 했다. 인물들은 포르투갈어, 영어, 프랑스어 등 다양한 언어와 다양한 문체로 시, 소설, 평론, 일기 등을 썼다. 페소아는 여러 분야에 관심이 많아서 심지어 점성술학에 조예가 깊은 라파엘 발다야Raphael Baldaya란 이명도 만들었다.

한 개인은 다양한 면을 가지고 있으며 주로 사용하는

얼굴이 있다. 페소아가 이명을 사용한 이유를 정확히 알 수 없지만, 자기 내면에서 말을 거는 다양한 목소리에 귀를 기울여 대화를 나누고 구체화한 게 아닐까? 이들은 모두 허구의 인물이지만, 페소아의 일부이기도 했다. 그들은 그들만의 세계에서 살았고, 페소아는 그들이 사는 세계로 여행을 떠나곤 했다.

> "내가 상상하는 것을, 나는 눈앞에서 본다. 여행을 떠나면 그것과 무슨 차이가 생긴단 말인가? 상상력이 끔찍하게 빈곤한 경우에나 실제로 뭔가를 느끼기 위해 장소의 이동이 필요한 법이다."•

다른 도시로 날아가야 존재감을 느끼는 나에게 한낱 엉덩이만 가벼운 존재라고 말하는 것 같다. 그럼에도 그의 말에 고개를 끄덕일 수밖에 없다. 리스본 거리를 내 두 발로 직접 걸었을 때보다 페소아의 《불안의 서》를 통해 리스본을 더 알게 되었으니 말이다. 나는 리스본에 다녀

• 페르난두 페소아 지음, 《불안의 서》, 배수아 옮김, 봄날의책, 2014, p.747.

왔지만, 《불안의 서》를 읽은 후 '리스본에 다녀왔어'란 말을 할 수 없게 되었다. 나는 카페 브라질레리아 앞에 있는 페소아의 동상을 보고도 지나쳤다. 제로니무스 수도원 지하에 안치된 그의 시신을 보고도 모른 채 에그 타르트를 사는 줄에 합류했다. 아줄레주 뮤지엄에서 타일에 그려진 그의 초상화 사진을 찍고도 그를 몰랐다. 페소아를 알게 된 후에야 리스본은 에그 타르트의 도시라는 오명에서 벗어났다. 페소아를 통해 리스본을 비로소 보았다. 나는 리스본에 가본 적 없는 사람이 되었고, 리스본은 가보고 싶은 도시가 되었다.

페소아는 자기 방이나 사무실에서 이명들이 사는 세계를 여행하며 이명들과 대화했다. 그는 자기 삶의 전지전능한 창조자였고, 관찰자이며 내면 여행 고수였다. 다른 세계로 여행하려면 자기 자신만 있으면 그만이었다. 《불안의 서》를 쓴 이명은 수아레스이다. 수아레스는 낮에는 회계장부의 숫자 세계에서 살았지만, 종종 사무실 창밖으로 보이는 거리를 내려다보며 일상 바깥으로 여행을 떠났다. 페소아이자 수아레스는 해방감을 얻으려고 떠나는 것을 비웃는다.

"여행이 주는 해방감이라고? 그런 해방감은 리스본에서 교외인 벤피카로만 나가도 느낄 수 있다. 그것도 리스본에서 중국으로 가는 여행자보다 훨씬 더 강렬하게. 왜냐하면 해방이 내 안에 있는 것이 아니라면, 나는 어디로 가도 그것을 얻지 못할 것이기 때문이다."•

깃털처럼 가벼운 엉덩이 때문에 괴롭다면, 여행자의 허기로 힘들다면, 페소아가 여행을 떠나는 방식을 빌려오면 어떨까. 사실은 자신이 마음에 안 들어서, 두 발로 서있는 세계에서 겉돌며 사는 스스로가 싫어 자꾸만 떠날 생각을 하는 건 아닐까. 페소아는 틈만 나면 떠날 궁리를 하는 대신 내 안으로 여행할 것을 권한다. 그는 사무실 앞에 있는 담배 가게에서 일어난 일에 주의를 기울였고, 앞에서 양복을 입고 걸어가는 사람의 어깨에서도 '동물적 천진함'을 떠올렸다. 흘러가는 구름을 보면서도 떠남과 돌아옴을 떠올렸다. 몸이라는 운명의 기차를 타고, 거리와

• 페르난두 페소아 지음, 《불안의 서》, 배수아 옮김, 봄날의책, 2014, p.251.

광장에서 사람들의 얼굴로 여행하는 페소아, 그에게는 존재 자체가 여행이었다. 알랭 드 보통은 '이국적'이라는 말은 우리 삶에서 빠진 무언가라고 지적했다. 그렇다면 이국적 풍경을 향한 시선을 돌려 내면의 이국적 풍경을 찾는다면 굳이 멀리 떠나지 않아도 되지 않을까.

리스본의 내면 여행가 페소아를 따라 상상으로 떠나는 법을 배운다. "우리가 사는 곳에서 일어나는 모든 일은 우리 안에서 일어난다"•는 그의 말이 귓가에서 울린다.

• 페르난두 페소아 지음, 《불안의 서》, 배수아 옮김, 봄날의책, 2014, p.58.

반복되는 일상에서 의미를 찾고 싶을 때

조용한 파이터
빈센트 반 고흐

"성공할 수 있을지 여부는, 다른 무엇보다도 내가 어떻게 작업하는가에 달려있다. 지금처럼 계속 작업할 수만 있다면, 조용히 싸움을 계속해 나갈 것이다. 작은 창문 너머로 평온하고 자연스러운 풍경을 바라보고, 신념과 사랑으로 그것을 그리는 싸움

말이다."•

고흐의 말을 읽고 또 읽는다. '일상 창작자'인 나에게 고흐가 평생 벌였던 '조용한 싸움'은 든든한 방패이다. 고흐가 살았던 시대뿐 아니라 AI 시대에도 창작의 원리는 똑같다. 자신의 작업에 애정을 가지고 꾸준히 매진할 때, 진정성은 숨기려고 해도 튀어나온다.

진정성은 사실처럼 보이는 정신이다. 우리는 아침에 일어나서 세수하고 출근해서 일하고, 퇴근하고 집에 와서 넷플릭스를 좀 보다 잠자리에 든다. 너도 알고 나도 아는 하루 루틴은 사실이지만, 이 작은 실제 사건을 나열한다고 해서 진정성이 깃들어 있다고 하지 않는다.

결국 진정성은 사실처럼 보이는 '그럴듯한 허구'이다. 일상 속 어디에나 있어서 흘려보내는 것을 섬세한 시선으로 포착해서 각색해서 보여주는 것이다. 고흐의 표현을 빌리면 '사물의 핵심에 도달하는 것'이다.

• 빈센트 반 고흐 지음, 《영혼의 편지》, 신성림 옮김, 예담, 2004, p.62.

"화가의 의무는 자연에 몰두하고 온 힘을 다해서 자신의 감정을 작품 속에 쏟아붓는 것이다. 그래야 다른 사람도 이해할 수 있는 그림이 된다."••

사물 또는 현상의 핵심에 도달하려면 등골이 휠 정도로 시간을 바치는 과정이 필요하다. 이렇듯 진정성은 다른 사람이 보든 안 보든 자기 자리에서 조용히 싸우는 데서 나온다. 온 힘을 모아 쏟아부으면 언젠가 그 힘이 상대에게 도달하고, 그제야 진정성은 빛을 발한다. 누구의 인정도 받지 못하는 지난한 분투와 기다림 끝에야 비로소.

고흐는 1889년 5월부터 1년 동안 생레미 드 프로방스에 있는 생폴 정신병원에 머물렀다. 현재는 고흐 뮤지엄이다. 고흐가 파리 근교 오베르 쉬르 와즈에서 마지막 나날을 보내기 바로 직전에 머물렀던 곳으로, 고립과 고독 사이를 오가며 고립의 횡포에 무릎을 꿇지 않으려고 버텼던 곳이다. 세월을 겹겹이 두른 건물 곳곳과 정원에 고흐

•• 빈센트 반 고흐 지음, 《영혼의 편지》, 신성림 옮김, 예담, 2004, p.62.

의 흔적이 스며있다. 돌벽은 남프랑스 여름의 맹렬한 햇볕에 달궈졌다 비바람에 씻기고, 겨울 찬기를 가득 품은 후 밖으로 내뿜은 시간을 담고 있다. 커다란 나무가 만든 그늘 아래 마모된 돌 벤치가 덩그러니 놓여있다.

건물 다락에 고흐가 살았던 방이 재현되어 있다. 고흐는 평생 물질적 풍요와 안락과는 거리가 멀었다. 어느 도시에 머물든 거처에는 침대 하나, 작은 탁자와 의자 하나가 전부였다. 고흐가 동생 테오에게 보내는 편지마다 빠지지 않았던 화두는 '돈, 사랑, 그림'이었다. 물감 사는 것조차 버거웠던 가난 탓에 항상 돈 걱정을 했다. 부에 대한 맹목적 탐욕이 아니라 화가로서 작업할 수 있는 최소한의 생계유지에 대한 바람도 이루지 못했다. 하지만 가난도 그림에 대한 그의 열정을 막진 못했다. 그의 그림을 사겠다는 사람이 없을수록 오히려 화가로서 정체성을 잃지 않으려면 그림을 그리는 수밖에 없었다. 그는 하루도 쉬지 않고 작업했다. 고흐의 삶이 비범한 이유이다. 그림을 사는 사람이 없어도 그림을 그리는 한 화가였고, 자기 인생의 주인이었다. 나는 고흐 작품의 생생한 색감과 힘찬 붓질에서 결연한 의지를 읽곤 한다.

21세기의 우리는 그의 전시가 있으면 보러 달려간다. 그의 그림은 아름다움을 넘어서 강렬함을 품고 있다. 그림이 뿜어내는 강렬한 아름다움에 사람들은 매혹되고 나아가 위안받는다. 그 뿌리는 어디에 있을까? 자기 정체성을 스스로 만들며 일상을 버틴 삶이 녹아있기 때문 아닐까? 그에게 그림 그리기는 삶 자체였다. 그러니 그림을 포기할 수 없었을 것이다. 삶을 포기하는 것일 테니까. 고흐의 그림에는 시대를 앞선 재능을 가지고 혼자 묵묵하게 일상을 살아냈던 시간이 스며있다. 매일, 아무도 알아주지 않는 일상을 창작하고 가꾸는 우리도 그와 닮은꼴의 시간을 보낸다.

사람은 사회적 동물이란 말에는 우리가 타인의 인정을 먹고 자란다는 뜻도 들어있다. 자신이 하는 일에 아무도 관심을 보이지 않을 때 마음이 요동친다. 틀린 길로 가고 있는 것은 아닌지 의심이 꼬리를 문다. 걸어온 길을 버리고 다른 길로 가야 하는 건 아닌지, 흔들린다. 반면에 단 한 사람이라도 우리가 하는 일에 주의를 기울이면 신이 난다. 이를테면 끼니 준비는 그 어떤 일보다 신성한 일이지만 신이 나기 어렵다. 관심을 보여주는 사람이 드문 탓이다. 가족의 관심과 인정이 필요하지만, 가족이라는 이유로, 매일 먹는 밥이라는 이유로 무심하게 넘기기 쉽다. 하지만 요리사로 불리면 달걀과 양배추 같은 흔한 재료로 음식을 만들어도 사람들이 관심을 보인다. 같은 재료로 만든 음식인데 사람들의 반응은 왜 다를까? 바로 요리사라는 직업을 달고 공적 영역으로 나오기 때문이다. 고흐는 이 차이를 뼛속까지 느낀 사람이다. 누구보다 열심히 그림을 연구하고 그렸지만, 화가로서 정체성을 인정받지 못한 시간을 살았다. 그럼에도 의심의 포로가 될 때마다 작업 자체에 더 매달리고 동기를 부여했다. 아름다운 작품 뒤에 감춰진 그의 태도에서 우리는 슬픔을 찾아내고 위안도 얻는다.

우리 역시 일상 창작자이다. 창작자는 타인의 시선에서 완전히 자유로울 수 없다. '이상하게 보이면 어쩌지?' 자기 검열을 하고 다수의 동의를 얻지 못하면 자기 확신도 무너진다. 그러면 일상이 흔들리기 쉽다. 중요한 일이 하찮아 보이고 생계를 유지하기 위해 꼭 필요한 노동에서조차 의미를 찾을 수 없을지 모른다. 일상을 살아내는 것은 외로운 싸움이다. 눈길을 주는 사람이 없어도 살아야 하고, 반복에서 스스로 의미를 만들어야 하니까.

고흐는 싸움터에 늘 혼자 나섰고, 우리처럼 갈팡질팡할 때도 많았다. 나는 그가 벌였던 내적 싸움의 흔적을 캔버스에서 읽는다. 한 세기가 지났지만, 물감의 두께에서 꿈틀거리는 그의 목소리가 들린다. 마치 며칠 전에 작업한 것처럼 물감이 튀어나올 것만 같다. 생생한 질감과 살아있는 붓질에서 굽히지 않았던 신념을 본다. 아무리 외로울지라도 자신이 옳다고 믿었던 작업 방식을 꺾지 않는 붓질. 그가 직접 본 자연에 대한 감탄과 경이를 느낀다.

고흐의 작품은 그의 삶의 총합이다. 10년 후에 '나'라는 작품은 내가 산 시간의 총합일 것이다. 꾸준함은 어쩌면 창의력보다 더 큰 재능이지만, 이번 생에 한 가지에 꾸준히 시간과 열정을 쏟아붓는 것이 가능할까? 순간순간 여러 가지 일이 벌어지고 선택과 집중도 계속된다. 벽에 부딪힐 때마다 능력의 한계를 보고, 불편한 진실에도 살아가는 싸움은 계속된다.

그럴 때면 고흐가 테오에게 쓴 편지를 읽으며 희망을 건진다.

"봄에 딸기를 먹는 일도 인생의 일부이긴 하지만, 그건 1년 가운데 아주 짧은 순간에 불과하고, 지금은 가야 할 길이 멀다."•

봄바람이 볼에 닿아 살랑이는 계절이나 낙엽이 바람에 갈 곳을 잃어 뒹굴 때마다 멜랑콜리란 불청객이 찾아온다. 이 불청객도 인생의 일부이지만 찰나이다.

고흐가 말했듯이, 우리가 할 일은 하루도 쉬지 않고 일상을 살아내는 일이지 걸작을 만드는 일이 아니다. 내 일상을 창작하는 사람은 나니까. 걸작은 의심을 누르고 일상을 차곡차곡 쌓을 때 만들어진다.

• 빈센트 반 고흐 지음, 《영혼의 편지》, 신성림 옮김, 예담, 2004, p.39.

오직 소비만이 나를 살게 할 때

물건에 짓눌린 앤디 워홀

인스타그램은 시간 잡아먹는 하마이다. 팔로잉한 사람들의 피드 사이사이에 광고가 마치 원래 내가 보려고 했던 것처럼 기다리고 있다. 피드인 것처럼 자연스럽게 놓인 광고를 클릭하면 쇼핑몰로 순간 이동해서 나도 모르게 화려한 상품 이미지들을 홀린 듯 구경하고 있다. 시즌 오프란 문구가 깜박이고 할인율까지 높으면 마음이 흔들린다. '뜻밖에 득템했잖아?' 당장 필요 없어도 장바구니에 넣고 결제 버튼을 누를 때도 많고, 결제 버튼을 누르기 직전에 제정신이 돌아올 때도 있다. 그럴 땐 하루만 더 생각해 보려고 찜해두고 보관함으로 옮긴다. 어느덧 보관함에는 언제 다시 클릭할지 모르는 물건이 차곡차곡 쌓인다. 정신 차리고 보니 30~40분이 훌쩍 지났다. 내 시간 돌려줘!

쓸데없이 시간을 낭비했다는 생각에 얼른 창을 닫고 아무 일 없던 척하지만, 알고리즘 세상에서 한 번의 클릭은 지옥으로 들어가는 문을 여는 열쇠이다. 알고리즘 귀신이 계속 따라다니고, 클릭질은 무한 반복된다. 손안에 있는 괴물이자 낙원인 스마트폰을 사용하면서 광고 샤워를 피할 방법은 없다. 소비 사회에서 승자는 타의 추종을 불허하는 구매력을 갖춘 사람이다. 매일 블링블링한 소비재의 홍수 속에서 구매력 피라미드의 밑에 있는 사람은 승자의 환한 미소에 굴욕감마저 느낀다. 자칫하면 신세 한탄으로 이어질 때도 있다. 세상에 나 빼고 다 피라미드 위 칸에 사는 것만 같다.

위로가 안 될지라도 슬로베니아 출신의 철학자 슬라

보에 지젝의 말을 떠올린다. 그는 자본주의의 대안은 생태주의라고 말했다. 다시 말해 친환경적 삶으로 돌아가는 것으로 적게 소비하는 삶이다. 필요한 소비재 외에 잉여 소비재를 돌처럼 보면 우리에게도 좋고 환경에도 옳은 일이라는 것을 모르는 사람은 없을 것이다. 우리는 머리로는 이해하지만, 마음으로는 받아들이지 못한다. 세상에서 가장 먼 길이 머리에서 가슴으로 이르는 길이라는 말도 있듯이 말이다. 결제 버튼을 당장 누르지 못하는 재정 상태에 쉽게 기분이 곤두박질친다면 팝아트의 거장 앤디 워홀의 삶으로 들어가 보자. 앤디 워홀은 구매력을 무한대로 가지고 있으면서 이를 마음껏 발산하며 살았다. 하지만 그가 죽은 후에 알려진 사실은 우리를 놀라게 한다.

앤디 워홀은 파티피플이었다. '팩토리'로 알려진 그의 작업실에서 그룹을 만들어 작업했고, 파티도 했고, 떼를 지어 몰려다니곤 했다. 그의 작품들이 성공한 데는 대량 생산 체제가 한몫했다. 지금이야 생필품 같은 제품이 대량 생산되어서 누구나 어느 정도 일상에서 비슷한 혜택을 누린다. 자동차나 기성복이 그 대표적 예이다. 워홀이 살았던 시대는 대량 생산이 걸음마를 하던 때이다. 대량 생산 이전에 특권층들은 남다른 옷감 소재와 바느질로 자신만을 위한 옷을 만들어 입었다. 하지만 대량 생산 체제가 도입되어 공장에서 균질하게 바느질된 옷이 대량으로 생산되면서 주머니가 가벼운 노동자 계급도 일정한 품질의 옷을 입을 수 있게 되었다.

이러한 대량 생산의 시대가 오면서 워홀의 작품은 상업적으로 커다란 성공을 거두었다. 공장에서 생산된 수프 캔, 유명인들의 사진을 실크스크린으로 대량 복제하는 기법 등으로 그의 구매력은 쭉쭉 뻗어나갔다. 잡지사에 구두를 그려서 팔았을 때 그는 버는 돈을 가늠하려고 그리는 구두 개수를 세곤 했다. 구두는 곧 돈이었다. 이런 식으로 앤디 워홀은 뭐든 살 수 있는 능력을 갖게 되었고, 이를 마음껏 누렸다. 그는 물건을 사고 또 샀다. 워홀은 물건을 사는 마음을 "그냥 쓰레기로 꾸몄지요. 종이와 상자들. 나는 무언가를 집에 가져오면 아무 데나 놔두고 다시는 집어 들지 않아요"•라고 표현했다.

• 클로디아 캘브 지음, 《앤디 워홀은 저장강박증이었다》, 김석희 옮김, 모멘토, 2019, p.79.

그는 쇼핑 중독을 넘어서 '저장강박증'이 있는 것으로 알려졌다.

2013년 9월, 워홀의 '타임캡슐'이 공개되었을 때 569개의 골판지 상자와 40개의 파일 캐비닛, 커다란 트렁크 하나에 워홀의 수집품이 들어있었다. 그의 수집벽은 죽은 후에는 기념물이 되었다. 그는 빈 칫솔 케이스, 콩코드 여객기에서 훔친 은식기, 사진, 레스토랑 계산서, 캠벨 수프 캔, 헌 속옷 등 온갖 잡동사니를 아무렇게나 간직했다. 심지어 처방전, 크리스마스카드, 설문지, 어느 배우 지망생의 편지, 1968년 워홀에게 총을 쏜 여배우 솔라나스에 관한 신문 기사 스크랩, 워홀의 목숨을 구해준 외과의사가 보낸 지급 기일이 지난 3천 달러짜리 청구서, 수표 사본 한 움큼도 있었다. 그의 집은 온갖 물건들로 빼곡해서 비어있는 공간이 보이지 않을 정도였다. 집안을 돌아다니기도 힘들 지경이었다.

그의 쇼핑 충동은 무차별적이었다. 파울 클레가 그린 고가의 그림에서부터 무엇에 쓰는 물건인지도 모르는 사소한 것까지. 그가 가장 좋아한 매장 중 하나는 맨해튼의 오래된 염가 잡화점 램스턴스였다. 우리의 다이소라고 말할 수 있는데 이곳에서 30센트짜리 쇼핑백을 하나 사서 마구잡이로 물건을 쓸어 넣어 쇼핑백이 터질 정도로 채웠다. 다이소에 가서 커다란 쇼핑백 하나 들고 보이는 것은 다 쓸어 담는 상상만 해도 거부가 된 것 같다. 물건을 소유하는 일이 어느 선을 넘어가면 물건이 필요한지 필요하지 않은지는 중요하지 않다.

그는 물건을 살 때 나오는 도파민의 포로였다. 아무도 워홀의 마음을 정확히 모르지만, 그의 마음에는 커다란 구멍이 있었을 것이다. 워홀은 1960년대 미디어 파티장에 최소 여섯 명의 '수행단'을 데리고 갔지만 자신을 '고독한 사람'이라고 불렀다. 어울릴 사람이 필요해서 막역한 친구를 찾았는데 아무도 찾지 못했다고.•

쇼핑에 대한 그의 충동은 어린 시절로 거슬러 올라간다. 그는 자주 아팠고, 다른 아이들과 어울리지 못했다. 워홀은 만화책과 유명인들 이야기가 실린 잡지나 그림을 친구 삼아 지냈다. 그의 어머니는 청소부였고, 일이 없어서

• 앤디 워홀 지음, 《앤디 워홀의 철학》, 김정신 옮김, 미메시스, 2015, p.35.

집에 있을 때는 통조림 깡통과 조화나 냅킨용 크레이프페이퍼로 수공예품을 만들곤 했다. 그의 아버지는 건설 노동자로 집에 없던 날이 많았다. 대공황시대에 가난했던 어린 앤디는 인기 연예인과 예술 세계에서 놀았다. 우리가 덕질하듯이 할리우드 스타들의 사진을 오려서 스크랩북을 만들곤 했다. 친구든 물질이든 풍족함과 거리가 멀었던 워홀은 성인이 되어서도 물건에 대한 취향은 없고 대신 쇼핑하는 행동 자체를 즐겼다. 물건을 사는 행위 자체가 큰 기쁨이었다.

이를 잘 말해주는 일화가 있다. 그는 호텔에 머물 때 화장실이나 방에서 청소부를 일대일로 마주치면 어색해했다. 고급 호텔이 익숙하고, 청소부가 있는 집에 사는 사람은 자연스럽게 청소부에게 어떻게 대해야 하는지 안다. 그러니까 두바이에 있는 7성급 호텔에 드나드는 사람은 7성급의 실내 장식과 서비스에 익숙하지만, 변두리에 있는 에어비앤비에 익숙한 사람은 초호화 호텔 욕실에서 수도꼭지를 틀 줄 몰라 헤맬 수 있다. 앤디 워홀이 자라온 환경은 이와 비슷하다. 그는 어린 시절에 청소부의 방이 있는 집을 꿈꾼 게 아니라 사탕을 마음껏 갖기를 꿈꾸었다.

그런 아이가 어른이 되어 돈을 잘 벌면 어떻게 될까? 사탕 소유에 대한 공상을 현실로 가져온다. 그는 사탕을 필요 이상으로 사들였다. 방 하나를 사탕이 가득한 쇼핑백으로 채울 정도였다.

어린 시절 외톨이로 혼자 놀았던 터라 사람에 대한 결핍도 마찬가지였다. 팩토리를 운영하면서 사람들에게 둘러싸여 지냈지만, 그는 누구에게서도 친밀감을 느끼지 못했다. 처음 텔레비전을 갖게 되었을 때 그는 다른 사람들과 가까운 관계를 맺으려고 애쓰기를 멈추었다. 그 후에는 녹음 장비를 사서 '아내'라고 부르며 가는 곳마다 들고 다녔다. 그러면서 수천 시간이나 되는 대화를 녹음했다. 워홀은 말하자면 과거 버전의 '신인류'였다. 우리 스마트폰 인류가 스마트폰만 있으면 곁에 아무도 없어도 전 세계와 연결되는 기분을 느끼듯이 그 역시 TV와 녹음기만 있으면 더는 외톨이가 아니었다.

그가 반문화, 팝아트의 황제가 된 것은 어쩌면 의도한 것이 아니라 대량 생산 시기에 그의 쇼핑 충동과 반복적인 작업이 시의적절하게 만난 결과가 아닐까. 100명의 마릴린 먼로, 210개의 코카콜라 병, 교통사고로 망가진 자동차를 묘사한 14개의 오렌지색 이미지 등. 이런 반복은 그의 쇼핑 충동을 작품에 그대로 옮겨온 것처럼 보인다. 소유할수록 허기진 마음을 포장지를 뜯지도 않더라도 사고 또 사며 다독이듯이.

앤디 워홀을 통해 알 수 있는 것은 지나친 풍요는 결핍과 동의어라는 사실이다. 그는 일기에 "나는 나의 생활 방식과 이 모든 쓰레기에, 그리고 언제나 또 다른 물건을 집으로 끌고 오는 것에 넌더리가 난다. 내가 원하는 것은 하얀 벽과 깨끗한 바닥, 단지 그것뿐이다"• 라고 썼다.

앤디 워홀의 이야기를 들으면, 적절한 결핍은 지나친 풍요보다 값질지도 모른다는 생각이 든다. 장바구니에 넣어둔 상품을 보관함으로 살포시 옮기며 다음 날 삭제할 수 있는 자제력이야말로 지혜로운 삶에 필요한 덕목 아닐까? 그의 말대로 필요 없는 것을 갖기 위해 노예가 되는 데 너무 많은 품을 들이는 대신 결핍을 즐기자.

• 클로디아 캘브 지음, 《앤디 워홀은 저장강박증이었다》, 김석희 옮김, 모멘토, 2019, p.81.

"살아있다는 것은 항상 당신이 원하지 않는 일에 너무 많은 품을 들인다는 것이다. 이것이 내 생각이다. 태어나는 것은 납치되는 것과 같다. 그런 다음 노예로 팔리는 것이다. 사람들은 끊임없이 일한다. 기계는 언제나 돌아가고 있다. 당신이 잠자는 동안에도."●●

●● 앤디 워홀 지음, 《앤디 워홀의 철학》, 김정신 옮김, 미메시스, 2015, p.112.

일상적 제약이 번번이 내 앞을 가로막을 때

소상공인 같은
영화감독
아녜스 바르다

일하면서 삼십 대 직장인들을 만나곤 한다. 그들은 기획자, 영상 촬영 피디, 교육프로그램 기획자 등 전문적 영역에서 일하고 있다. 하지만 이야기를 조금 나누면 모두 회사에 소속된 K-직장인으로 수렴되곤 한다. K-직장인이 뭐길래 어떤 일을 하든 '직장인'으로 퉁치는 것처럼 보일까.

입사 전에는 누구나 내가 좋아하는 일을 잘하고 눈에 띄어서 그 분야의 전문가로 커리어를 차근차근 쌓을 거라고 기대한다. 회사는 싫은 것도 조금은 참아내는 사회성, 잠재된 능력과 성실함을 발견하고 쓸모 있는 인재로 낙점했을 것이다. 하지만 입사 후에는 현실 자각 타임이 온다.

가령 언론사의 사진기자는 분명히 전문 영역이지만 5년까지는 신입으로 대우받는다. 입사 전엔 다른 사람이 찍지 않는 개성 넘치는 사진을 찍을 거라고 상상했지만, 현실은 회사에서 원하는 사진만 찍게 된다. 그리고 이런 작업이 쌓이는 것이 경력이라는 것을 깨닫는다. 개인이 가진 경험 콘텐츠를 발굴해서 사람과 사람을 잇는 회사에 근무하는 프로젝트 피엠은 콘텐츠를 기획하고 만드는 일이 재미있고 보람도 느낀다. 하지만 장거리 출퇴근 지하철에서 사람들 틈에 끼어있으면 자존감이 내려간다. 프로젝트 기획은 잠시, 참여자들에게 안내 사항을 전달하는 데 대부분의 시간을 보낸다. 게다가 왜 필요한지 알 수 없는 각종 서류 작업 등에 시간을 쏟고 나면 하루가 간다. 하루를 시간 파이로 그린다면 정작 주 업무인 프로젝트를 기획하는 일에 쏟는 시간은 겨우 한 조각일 뿐이다. 그마저도 사무실이 아니라 퇴근 후나 주말에 하기 쉽다. 콘텐츠를 기획하는 일을 즐기고 성과를 내기 전에 번아웃에 빠지기 딱 좋은 조건이다.

직종을 막론하고 비극의 시작점은 비슷하다. 생계도 유지하고 취향도 살리면서 일할 수 있을 거라고 생각했다. 하지만 입사하면 좋아하는 일은 조금이고 하기 싫은 일을 더 많이 해야 하는 상황에 놓인다. SNS 속 다른 사람들은 여행도 자주 가고, 맛집에 다니며 즐기는데 나만 티도 안 나는 일을 하다 파김치가 되어 집에 오는 생활을 반복하는 것만 같다.

회사에 다니면서 나의 전문성이 필요한 본 업무만 '우아하게' 할 수 있는 사람이 있을까? 회사의 대표는 어떨까? 출판사 대표는 책을 만들고, 책을 팔아서 출판사를 운영한다. 책이 좋아서 책을 만들기 시작했지만, 책을 팔려면 마케팅에 집중하고 매출과 손익 분기점을 따지며 숫자를 들여다보는 데 대부분의 시간을 보내야 한다. 숫자로 가득한 머리에는 좋아하는 책을 받아들일 공간이 없다. 책이 좋은데 책을 읽지 못하는 딜레마에 빠진다. 나 같은 프리랜서도 마찬가지다. 책 한 권을 쓰려면 수십 권의 책을 읽어야 하고, 빠진 자료는 없는지 확인하기 위해서 인터넷 서치를 해야 한다. 책을 쓰려면 글만 쓰면 되는 거 아니야? 그럴 리가. 예술가도 크게 다르지 않다. 우리처럼 일상의 감옥에 갇힌다. 다른 점이라면 예술가는 좋아하는 일을 하려고 쉬지 않고 앞으로 나아가는 사람이다. 프랑스 영화감독 아네스 바르다 감독의 말을 빌리면 용기를 잃지 않는 사람이고, 일상을 이기는 사람이다.

〈아네스 바르다의 해변〉, 〈바르다가 사랑한 얼굴〉 등을 만든 아네스 바르다 감독이 영화계에 입문해서 평생 영화를 만들었던 과정은 '예술가적' 여정과는 거리가 있다. 오히려 우리가 일에서 한계를 만났을 때 고민하는 모습과 비슷해서 눈길을 끈다.

바르다는 사진을 공부했고 사진가로 활동했다. 젊을 때 돈이 없어서 한집에 친구 여러 명이 모여 살았고, 덕분에 알음알음 친구들을 모아 촬영팀을 꾸렸다. 바르다는 라 푸앵트 쿠르트란 작은 어촌 마을로 가서 첫 영화 〈라 푸앵트 쿠르트로의 여행〉을 촬영했다. 그녀는 라 푸앵트 쿠르트에 머물면서 머릿속에 떠오른 생각을 이미지로 표현했지만, 주제가 모호하다는 평을 받았다. 게다가 당시 프랑스에서 영화감독으로 데뷔하려면 다섯 단계의 도제 시스템을 거쳐야 했지만, 바르다는 도제 시스템을 따르지 않았다. 이는 영화감독으로 인정받는 데 나중에까지 영향을 끼친다.

그녀는 영화를 만들었지만, 영화를 찍어서 생계를 꾸리는 방법을 몰랐다. 누구도 피해 갈 수 없는 인생의 과제, 생계를 잇기 위해 사진으로 돌아갔다. 그러다 프랑스 관광청이 〈라 푸앵트 쿠르트로의 여행〉에서 어촌 마을을 아름답게 담은 것을 보고, 프랑스 도시 홍보 영상 제작을 바르다에게 의뢰했다. 바르다는 이렇게 생각했다. "그래. 이건 돈을 버는 또 다른 방법이고, 아마도 후에 다른 영화들도 만들 수 있을지 몰라."•

우리 역시 원하는 직장에서 거절당하고, 입사하고 싶지 않은 회사에서 출근하라고 연락이 오면 갈등한다. '일단 입사해서 일을 배우면 원하는 회사로 옮길 수 있을 거야.' 많은 사람들이 이렇게 일을 시작한다. 시작은 미약하

• 아녜스 바르다 지음, 《아녜스 바르다의 말》, 오세인 옮김, 마음산책, 2020, p.115.

지만 그 끝은 창대할 거라는 꿈을 품어야, 우리는 살 수 있다. 창의적인 일도 예술인의 마음만으로는 버티기 힘들다. 바르다는 도시를 홍보하는 영상을 만드는 일을 시작한 후에야 비로소 영화계에 안착했다.

제약 없는 일은 없지만, 영화 제작은 특히나 제약이 많다. 한 독립영화감독은 자전적 다큐멘터리로 방향을 틀면서 "감독이 영화 현장을 전부 컨트롤하는 게 힘들어요. 영화를 만드는 일 자체는 좋은데 감독은 현장에서 마주하는 모든 상황들을 처리해야 해요. 배우와 스태프 들과 협업하고 제작 예산을 짜고 마련하는 일 등을 다 감독이 개입해야 하거든요"라고 말했다. 즉, 한 편의 영화를 만들기까지 따르는 수많은 제약들을 받아들일 수 있어야 영화감독으로 살 수 있다.

바르다도 다르지 않았다. 무엇보다 영화를 만들려면 제작비 투자를 받아야 하는데 매번 어려웠다. 게다가 그녀는 워킹맘 시절을 통과할 때도 있었다. 임신으로 몸이 무거워져 야외에서 촬영하기 힘들었다. 그때 바르다는 자신의 상황을 180도 다르게 바라보았다. '멀리 못 나간다면 집 가까이에서 영화를 찍으면 어떨까?' 그녀는 집 근처에 있는 시장 골목에 의자를 하나 두고, 그 의자 위에 올라가서 불룩 나온 배 아래로 보이는 세상을 카메라로 담았다. 그녀가 사는 동네를, 지나가는 사람들과 상인들을 촬영했다. 이처럼 임신으로 야외 촬영이 힘들 때도 역으로 자신이 처한 환경을 이용할 궁리를 했다.

워킹맘들의 공통 난제는 육아가 몸만 꼼짝달싹 못 하게 하는 게 아니라 의지도 위축시킨다는 것이다. 바르다 감독도 비켜 갈 수 없었다. 그녀는 엄마로만 사는 동안 숨이 막혔다. 그러자 이번에도 이 제약을 영화 작업에 끌어들일 궁리를 했다. 제작비를 투자받아 제작진을 꾸려 영화를 제작하더라도 여러 가지 제약이 있기 마련이라면서. 제작비 내에서 정해진 기간에 맞춰 촬영해야 하는 것은 기본이고, 잔뜩 공들여서 촬영한 장면도 제작자가 지우라고 요구하면 따라야 한다. 그렇다면 아이를 돌보느라 집에서 나갈 수 없는 제약도 크게 다르지 않다고 생각했다.

그녀는 집에 있는 80미터짜리 비상용 케이블을 마치 '탯줄'처럼 자기 몸에 묶었다. 집이 엄마의 자궁인 셈이고, 엄마 뱃속에서 아기가 자유롭게 움직이듯이 바르다는 80미터 반경에서 볼 수 있는 풍경을 촬영했다. 이렇게 완성된 영화가 다큐멘터리 〈다게레오타입〉이다. 반경이 정해진 야외 공간에서 영화를 촬영한 아이디어 자체가 이슈를 만들었다.

바르다는 일상의 제약에 굴복하지 않고, 그 제약을 오히려 영화를 만드는 데 끌어오곤 했다. 계속 영화를 만들었을지라도 도제 과정을 거치지 않았던 터라 '감독'으로 불린 것은 영화계에 발을 들여놓은 지 13년이 지나서였다. 완성된 영화들은 사람들의 흥미를 끌고 주목도 받았지만, 영화가 제작되기 전에 촬영 과정을 설명하면 번번이 투자를 받기 어려웠다. 그러면 바르다는 직접 팔을 걷어붙이고 제작자가 되었다. 바르다는 이 상태를 '사실상 실직 상태'로 말했다. 12년 가까이 영화를 만들며 촬영장에서 스태프들을 고용하는 고용주였지만, 정작 자신은 임금을 받아본 적이 없었다.

최근 만난 한 출판사 대표는 "출판사를 운영하면서 직원들 월급은 꼬박꼬박 주는데 정작 나는 월급을 한 번도 받아본 적이 없다는 걸 깨달았어요"라고 말했다. 그래서 월급 통장을 따로 만들어서 자신의 월급을 이체했지만, 몇 달 후 월급을 회사 통장으로 다시 이체했다고 한다. 몇 달간 모아둔 월급을 책 제작비로 썼다고. 영화감독이든 직장인이든 작은 회사 대표든 프리랜서든 좋아하는 일만 하고 싶지만, 현실적 제약 앞에선 누구도 자유롭기 힘들다. 부수적 업무가 주 업무를 압도하는 딜레마에 빠질 때마다 바르다 감독은 어떻게 버텼을까?

> "자리 잡은 느낌이 들지 않는 게 좋아요. 지리적으로든 경제적으로든 사회적으로든요."•

바르다 감독은 평생 경계인으로 살았다. 그녀는 자신에 대해 지식인들에게는 충분히 지적이지 못하고, 바보들에게는 너무 똑똑했다고 말했다. 또 페미니스트들에게는 페미니스트가 아니지만, 다른 사람들에게는 페미니스트였다고 회상했다. 바르다는 기존의 방식에서 벗어나 앞으로 나아갈 수 있는 힘은 영감이 아니라 용기라고 말하

• 아녜스 바르다 지음, 《아녜스 바르다의 말》, 오세인 옮김, 마음산책, 2020, p.181.

기도 했다. 그녀는 영화 제작을 삶과 동일시했다. 영화 제작을 '진행 중인 하나의 삶의 작품'이라고 여겼다. 한계에 부딪힐 때마다 내 삶을 미완성 작품이라 생각하고 완성을 향해 나아갔던 바르다의 시선을 빌려오면 어떨까?

그녀는 평생 영화감독으로 살았지만, 흥행과 명성에서 한 걸음 뒤로 물러나 있었다. 그녀는 자기가 놓인 상황에 맞추어서 이렇게도 해보고 저렇게도 해보았다. 하루가 저물 무렵 홀로 걸으며 고독을 느끼고, 혼자 이곳저곳에 다니며 사람들을 만나고 사물들을 관찰했다. 비용이 전혀 들지 않는 그녀만의 고유한 방식이었다. 그녀는 사진에서 영화로, 영화에서 설치 예술로 노년까지 새로운 영토를 끊임없이 개척했다.

일상 쳇바퀴를 돌리며 생존에 온 힘을 쏟다 보면 기존의 것을 바꾸고 새로운 질서를 만드는 데 관심을 기울이는 것이 사치처럼 여겨진다. 시간도 없고 에너지도 없다. 익숙한 것에서 벗어날 용기는 더 없다. 그저 일상생활에 어울리는 몸짓을 하게 되고 생각도 틀에 박힌다. 누가 봐도 생활인이란 몸짓 언어를 내보인다. 그렇더라도 아무도 가짜 삶을 살고 있지는 않다. 우리는 모두 진짜 삶을 살고 있다. 마음속에 가득 쌓인 불만과 우울도 진짜 삶이다. 그러니 불만과 가벼운 우울을 부정적으로만 보지 말고, 어떻게 하면 부정적 감정과 긍정적으로 지낼 수 있을지 고민해 보면 어떨까. 아녜스 바르다 감독이 제약을 일상에 적극적으로 끌어들여 작업을 이어나갔듯이 말이다. 결국 새로운 질서나 아이디어는 제약에서 나온다는 사실을 명심하자.

도파민에 도둑맞은 집중력을 찾고 싶을 때

도박 중독자
표도르 도스토옙스키

어느 날 왼쪽 팔꿈치가 찌를 듯이 아팠다. 팔을 쭉 펴니 심한 운동을 하고 난 후처럼 팔꿈치 아래가 찌릿했다. '가만있어 보자, 내가 언제 팔 운동을 했지?' 팔 운동을 한 기억을 더듬었다. 아무리 생각해도 팔 운동을 한 적이 없지만, 의심 가는 구석이 있었다.

나는 잠자리에 누워서도 스마트폰을 손에서 내려놓지 못한다. 꼭 애착 인형이라도 되는 것처럼 소중하다. 그래봐야 쓸모없는 잡다한 것에 기웃거리지만 말이다. 구글은 내 관심사를 잘 보관해 두었다가 SNS에 접속하면 끈질기게 나를 따라다닌다. 그러면 나는 친절한 알고리즘의 안내를 뿌리치지 못하고 따라간다. 보고 싶지 않고 알아야 할 이유도 없는 낯선 타인의 취향은 물론 낯선 이의 일상 동선까지 꿰고 있다. 손가락으로 스마트폰 화면을 위로 올리는 단순한 행동을 멈추고 싶지만, 좀처럼 손가락을 멈추지 못한다.

불청객인 근육통의 진원지를 찾으러 병원에 가기 전에 며칠 동안 휴대폰을 멀리했다. 예상은 적중했다. 팔꿈치 통증이 잦아들었다. 스마트폰은 집중력과 시력을 훔쳐 가고 반갑지 않은 근육통도 선사한다. 무엇보다 시간을 허비했다는 생각에 땅속으로 꺼지고 싶다. 그럴 때마다 나약한 의지력을 저주하곤 한다. 그 시간에 청소라도 했다면 상쾌하기라도 할 텐데. 운동했다면 근육 적금을 넣었을 테고, 영화라도 보았더라면 마음의 양식이 되었을 텐데. 이제 남는 것이라고는 허무뿐인 손안의 지옥.

'집중력을 도둑맞지 않은' 현대인이 있을까? 이쯤 되면 의문이 하나 생긴다. 그렇다면 스마트폰 따위는 없던 먼 과거에 집중력은 개인이 온전히 통제할 수 있는 것이었을까? 천만에. 스마트폰이 아니어도 인간의 집중력을 훔쳐 가는 요물은 언제나 있었다.

도스토옙스키가 살았던 시대로 거슬러 올라가면 룰렛 도박이 스마트폰 같은 역할을 했다. 룰렛은 16세기에 태어났다. 룰렛은 영화나 드라마의 카지노 장면에서 종종 등장한다. 커다란 휠에 번호가 써진 36개의 칸이 있고, 딜러가 주사위처럼 생긴 한 개의 알을 넣고 휠을 돌린다. 그러면 휠이 빠르게 돌아가다 서서히 멈춘다. 딜러가 휠을 돌리기 전에 도박꾼들은 그 알이 정지할 숫자를 맞추며 베팅한다. 휠이 정지할 때 숫자를 맞춘 사람이 그 판에 걸린 돈을 다 가져간다. 규칙도 단순하지만, 스마트폰처럼 세상을 휘저은 적이 있다.

룰렛은 처음 등장했을 때 유럽 상류사회에서 사교활동의 윤활유였다. 둥글게 앉아서 휠이 돌아가는 동안에 대화도 나누고, 베팅에서 딴 사람이 한턱내기도 했다. 현재 스마트폰이 SNS를 통해 낯선 사람, 나아가 전 세계 사람들이 해시태그로 연결되는 느낌을 주듯이 말이다. 스마트폰처럼 룰렛은 점점 인기를 얻었고, 19세기 초까지 전 세계를 휩쓸었다. 많은 사람이 룰렛에 매혹되었고, 룰렛은 본래의 긍정적 오락으로서 기능이 줄면서 돈을 걸고 도파민을 방출하는 도박으로 변했다. 급기야 많은 나라가 룰렛을 법으로 금지할 정도였다. 도스토옙스키, 뭉크 등 여러 예술가가 룰렛 도박 중독자였다. 휴일이나 퇴근 후에 잠깐 누워서 스마트폰을 볼 생각이었지만, 잠깐이 몇 시간이 될 때가 많아서 우울감에 빠져 자책한다면 도스토옙스키의 삶으로 들어가 보자.

서울대 추천 도서, 청소년필독서 목록에서 빠지지 않는 작가 도스토옙스키. 읽지 않았어도 읽은 것만 같은 소설《죄와 벌》. 이 소설을 쓴 작가가 바로 도스토옙스키이다. 그는 중증 룰렛 도박 중독자였다. 룰렛에 입문한 계기는 잘 안 알려져 있지만, 아마도 여러 가지 스트레스에서 잠시 머리를 식히려고 시작했다가 빠져들지 않았을까.

도스토옙스키는 대가족을 돌보는 가장이었다. 불행한

일은 한꺼번에 몰려오곤 한다. 그는 첫 번째 아내와 사별하고, 형이 운영하고 그가 편집장을 맡았던 잡지 〈시대〉도 파산했다. 그 결과 빚을 떠안게 되었다. 당장 3천 루블의 빚을 갚아야 했고, 여기저기에 돈을 구하러 다녔지만 소용없었다. 그때 한 악덕 출판업자가 나타나서 '빅 픽처'를 그리며 터무니없는 계약 조건을 제시했다. 도 선생은 궁지에 몰려 불평등한 계약서에 사인했다. 출판업자는 자신이 발행한 어음을 지인 두 사람에게 헐값에 매도했고, 그 어음을 사들인 두 사람이 도스토옙스키에게 빚을 갚으라고 독촉하기 시작했다. 이렇게 주변이 뒤숭숭하면 있던 집중력도 달아나는 법이다. 도스토옙스키는 원고 마감 날짜는 다가오는데 원고가 안 써져서 절망에 빠졌다. 그때 운명의 여인인 안나 그레고리예브나를 만난다. 안나는 스무 살이었다. 여성이 직업을 갖기 어려운 시절이었는데 안나는 속기사가 되려고 공부하고 있었다. 그녀는 도스토옙스키를 만나 속기사로 첫발을 내디뎠다. 촉박한 마감을 지키려고 두 사람은 매일 같이 작업했다. 도스토옙스키가 소설을 구술하면 안나가 속기로 받아 적은 후 다음 날 풀어서 원고로 정리하곤 했다. 도스토옙스키는 안나의 활약과 응원 덕분에 26일 만에 소설 《노름꾼》을 완성했다. 거의 한 달 가까이 매일 몇 시간씩 《노름꾼》을 함께 작업하면서 두 사람 사이에 사랑이 싹텄다. 두 사람은 무려 25세의 나이 차이를 극복하고 결혼했다. 당시에는 40세면 노인 취급을 받았는데 도스토옙스키는 무려 45세였다! 안나는 그때부터 도스토옙스키의 곁을 지키며 집필 활동을 물심양면으로 지원했다.

두 사람에게 달콤한 신혼은 다른 나라 이야기이다. 대가족 문화에서 친인척들이 신혼부부의 집에 매일 찾아와서 도스토옙스키가 원고를 쓰기도 힘들 정도였다. 게다가 그는 원고료가 들어오자마자 대가족에게 다 썼다. 이런 생활에 쉼표를 찍기 위해 안나와 도스토옙스키는 러시아를 떠나 4년 동안 독일을 비롯한 유럽의 여러 도시에서 살았다.

외국에 살면서 경제적으로는 더 궁핍해져 하루도 돈 걱정에서 벗어날 수 없었다. 안나는 생활비를 마련하기 위해 팔 수 있는 물건을 팔았고, 곧 팔 물건도 없어졌다. 하지만 안나는 이 시기를 가장 행복했던 시절로 회상했다. 부부의 주 수입원은 도스토옙스키의 원고료였다. 도 선생이 원고를 써야 궁핍하더라도 살림을 꾸릴 수 있었다. 원고가 늘 술술 써지면 좋겠지만, 세상의 어떤 작가도 원고가 매번 술술 풀리지는 않는다. 도 선생도! 원고가 잘 안 풀릴 때면 그는 생활을 이어갈 최소한의 활기마저 잃곤 했다.

독일 드레스덴에서 생활한 지 3주가 되었을 때 도스토옙스키는 안나에게 고백했다. 룰렛이 너무 아른거린다고. 그러자 안나는 뜻밖에도 그에게 함부르크에 있는 룰렛 도박장에 다녀오라고 말했다. 도 선생은 처음에는 주저했지만, 안나의 응원을 등에 업고 함부르크로 달려갔다. 마치 엄마에게 PC방에 가도 좋다는 허락을 받은 십 대 소년처럼 신나게.

하지만 모든 도박의 결과는 똑같다. 절대로 딸 수 없다. 안나는 도 선생이 떠난 지 며칠 후에 가진 돈을 다 잃었으니 돈을 부쳐달라는 편지를 받았다. 안나는 화를 내기는커녕 오히려 돈을 마련해 부쳐주기도 했다. 8일 후에 마침내 도 선생이 집에 돌아왔다. 물론 가진 돈을 다 잃고 풀이 죽어서. 대인배 안나는 남편에게 위로의 말을 건넨다. 잃은 돈을 아까워하지도 말고 자책하지도 말고 실망하지도 말라고.

안나는 이렇게 도 선생이 원고와 씨름하다 잘 안 풀리면, 룰렛 도박장에 달려가도록 응원했다. 가난한 생활에서 가진 돈을 다 잃어버리면 도 선생은 자책감에 빠지곤 했고, 이 자책감이 원고 작업에 맹렬하게 달려드는 동력이 되었다. 그는 돈을 다 잃고 나면 원고 작업에 폭풍 몰입해서 소설을 완성하곤 했다. 도 선생을 알면 알수록 인간적인, 너무도 인간적인 사람이다. 그는 감정의 롤러코스터를 타고 꼭짓점에 올라갔다가 단번에 추락하고, 다시 올라가기 위해 일상의 노를 힘껏 저었다. 룰렛과 원고 작업 사이에 깔린 레일에서 오르내리기를 반복했다. 도스토옙스키는 룰렛에서 돈을 몽땅 잃어버려 더는 도박장에 갈 수 없을 때가 되어서야 비로소 원고 집필로 열정의 방향을 돌리곤 했다. 룰렛에서 돈을 탕진하고 집필한 소설이 《악령》, 《백치》이다. 도스토옙스키가 원고를 쓰려고 룰렛을 했는지, 룰렛을 하려고 원고를 썼는지, 아무도 모른다.

어쩌면 우리는 도둑맞은 집중력을 찾는 데 도 선생만

큼 열정적이지 않고 도둑맞은 것에만 몰입하고 자책하는 것은 아닐까? 스마트폰을 집에 두고 나가면 마치 그림자라도 팔아먹은 듯이 초조하다. 쇼츠 중독에 빠져 신나게 도파민 그네를 타다 내려오면 자책감과 자괴감이 기다린다. 그러면 잠시지만 다르게 살아야 한다는 의지가 샘솟은 경험이 있을 것이다.

도 선생이 보여주었듯이 도파민 중독으로 밀려드는 자책감을 엔진으로, 일상의 정점으로 올라가는 훈련을 하면 어떨까? 한 시간 동안 운동을 하거나 미뤄두었던 집안일을 하거나 책을 50페이지 읽거나. 나는 도스토옙스키가 자제력을 잃은 자신이 못마땅해서 원고를 '격렬하게' 써낸 데 방점을 찍고 싶다. 자책감이든 자괴감이든 이것을 생산적 방향으로 이끄는 엔진으로 바꾸면 된다.

이제 스마트폰 없이 생활하는 것은 우주여행을 하는 것만큼이나 어렵다. 우리는 스마트폰이 등장하기 이전으로 돌아갈 수 없다. 미국 실리콘밸리 빅테크 기업의 개발자들은 스마트폰과 함께 지내는 법으로 명상을 추천하고 자식들에게는 몬테소리 교육을 시킨다. 《사피엔스》를 쓴 박학다식한 유발 하라리마저도 명상으로 돌아가야 한다고 말한다. 명상은 창의적 생각과 집중력을 지키는 방패이다. 그렇다고 모두가 명상에 관심이 있는 것은 아니다. 나는 명상을 하면 오히려 잡생각이 떠오르고 좀이 쑤신다. 명상보다는 차라리 뇌를 비우며 멍때리거나 산책할 때 새로운 에너지가 차오른다. 도스토옙스키가 도둑맞은 집중력을 되찾느라 소설을 쓴 것처럼 말이다.

도파민에 빼앗긴 집중력을 되찾는 방법은 저마다 다르다. 누군가에겐 명상이나 독서가 방법일 수 있지만, 도 선생처럼 소설 쓰기일 수도 있다. 그러니 도파민이 삭제한 시간 블록을 채울 나만의 방법을 찾아보면 어떨까. 다른 사람들 눈에는 독특하게 보일지라도 말이다. 다이어리 꾸미기, 20분 필사하기, 20분 스트레칭하기 등 집중 시간을 정해두고 한 가지 활동에 몰입하는 것도 좋은 방법일 터.

가족에게 인생을 저당 잡혔다는 생각이 들 때

어머니와 악담을 나눈 철학자 쇼펜하우어

"가족이 힘이 되어야 한다고 배웠는데 짐이 되면 가족을 해체해야 할까요?"

글쓰기 강의에서 만난 한 수강생이 내게 물었다. 그녀의 사연인즉, 권위적 남편과 여성주의 세계관을 가진 딸이 매일 부딪쳐서 갈등 중재자로 살았다. 그녀는 너무 다른 가족 구성원들 사이에서 자기 목소리를 죽이고 가족의 평화를 지키는 데 힘을 쏟았다. 자기 행복은 사라지고 너덜너덜한 자아로 사는 것에 마침표를 찍고 싶었다. 수업 시간에 뜻밖에 듣게 된 누군가의 사적인 솔직함이 급습처럼 다가왔다. 내가 답하기 어려운 질문이었다. 나는 "법륜스님께 하셔야 할 질문이네요" 하고 웃어넘겼다.

지금 다시 그 질문을 곱씹어 보자면, 어쩌면 흔히 가족은 힘이 되어야 하는 관계라고 믿기 때문에 오히려 힘이 든 건 아닐까? 가족은 정말 희로애락을 함께하는 관계일까? 가족은 어려움 앞에서 머리를 맞대고 힘을 모으는 관계 이전에 생활 공동체이다. 좋아하는 음식, 즐겨 듣는 음악, 치약 짜는 습관, 욕실 사용 후 수채 구멍에 쌓인 머리카락을 처리하는 방식 등이 모두 다르다.

나는 좋게 말하면 물건에 애착이 없고, 나쁘게 말하면 물건을 소중히 다루지 않아서 물건을 잘 잃어버린다. 물건에게 제자리를 주지 않아서 물건을 찾는 데 시간을 꽤 보내고 못 찾으면 미련 없이 포기한다. 이런 내가 유일하게 소유욕을 부리는 대상이 있다. 바로 책이다. 다시 안 읽을 게 분명하더라도 버리지 못하고 껴안고 있다. 책이란 물성의 속성상 시간이 흐르면 책장이 누렇게 바래고 먼지가 덕지덕지 내려앉아서 어지간한 정성을 들이지 않으면 곱게 보관하기 어렵다. 그렇더라도 없애려면 대단한 결심을 해야 한다.

반면에 함께 사는 동생은 책이라고는 일 년에 한 권 읽을까 말까 한다. 동생에게 책은 집을 너저분하게 만드는 성가신 폐지 더미이다. 대신 동생은 유행이 지나서 안 입는 옷도 비싸게 산 옷이라며 잘 안 버리고 끌어안고 있다. 산 지 20년 넘은 옷도 옷장에 모시고 있을 정도이다. 매번 "입을 거야"라고 외치며. 정작 입는 옷은 몇 벌 안 되는데 옷장이 옷으로 가득 차서 늘 터질 것 같다. 서로 애정하는 대상이 달라서 가끔 옥신각신하곤 한다. 동생은 "너의 책만 없으면 집이 깨끗할 거야"라고 말한다. 나는 부질없는 잔소리 대신 동생이 집에 없을 때 안 입는 옷을 몰래 헌 옷 수거함에 넣고는 혼자 사악한 미소를 짓곤 한다.

같은 부모의 유전자를 물려받은 자매라도 이렇게 다르다. 나에게 문제가 있는 것도 아니고 동생에게 문제가 있는 것도 아니다. 그냥 서로 달라서 소중하게 여기는 대상이 다를 뿐이다. 기질, 습관, 취향이 다른 사람들이 한

지붕 아래 살면서 서로 이해 못해서 언성을 높이는 사이가 가족이다. 매일 식탁에 마주 앉아서 밥을 먹더라도 세계관이 같을 수 없고, 무슨 생각을 하는지 말하지 않으면 전혀 알 수 없다. 가족 구성원 모두와 속마음을 터놓는 것도 아니다. 모든 가족 구성원과 잘 지내는 사람은 생각보다 많지 않다.

자존감이 하늘을 찌를 정도로 높은 바벨탑을 쌓은 쇼펜하우어도 엄마와 기질이 달라서 서로 아웅다웅했다. 그는 내면 깊은 곳에서 치솟는 분노를 참지 못하고 이따금 "어머니와 저는 서로 달라요!"라고 소리를 지르곤 했다.

쇼펜하우어는 정규 교육 대신 부모님을 따라 어린 시절부터 여행을 다녔다. 수완 좋은 상인인 아버지의 교육 철학 덕분이었다. 당시 상류층에 속하는 부모는 자식을 학교에 보내는 대신 가정교사를 채용해서 홈스쿨링을 시켰다. 그의 아버지는 여러 도시를 여행하며 현장 학습을 통해 직접 겪고 체득해야 세계인이 된다고 믿었다. 세계를 누비며 이름을 떨치는 상인이 되기를 바라는 아버지의 바람은 쇼펜하우어의 이름에도 담겨있다. 그의 이름 아르

투르 쇼펜하우어에서 아르투르는 유럽 여러 나라 언어로 표기했을 때 스펠링이 같고 발음만 조금 다를 뿐이었다. 쇼펜하우어의 아버지는 이처럼 아들의 장래 직업을 자기 마음대로 미리 정해두었다.

쇼펜하우어는 15세에 고등학교에 진학할지 부모와 함께 프랑스, 잉글랜드, 스위스 등을 몇 년 동안 여행할지 선택해야 했다. 쇼펜하우어는 여행을 선택했고, 여행 후에는 폴란드의 항구도시이며 그의 고향인 그단스크의 한 상인 사무실에서 수습사원으로 일하기 시작했다. 여러 도시를 자유롭게 누볐던 그에게 사무실 근무가 재미있을 리 없었다.

하지만 쇼펜하우어는 아버지의 교육관과 가르침에서 쉽게 벗어나지 못했다. 아버지가 세상을 떠난 후에도 아버지의 그림자는 쇼펜하우어의 인생을 따라다녔다. 반면, 어머니 요한나는 달랐다. 남편이 죽은 후 그의 흔적을 지우듯이 무역회사를 처분하기 시작했다. 그러고는 아직 성인이 안 된 18세의 쇼펜하우어를 함부르크 집에 남겨두고 딸 아델레만 데리고 바이마르로 이사했다. 바이마르에서 요한나는 살롱을 열어 괴테를 포함한 작가, 예술가 들과 교류하면서 삶을 즐겼다.

한편 혼자 남겨진 쇼펜하우어는 우리가 사회에 첫발을 들여놓으면 만나는 직업 적성으로 갈팡질팡했다. 몸은 지루한 사무실에 있어도 마음은 다른 곳을 떠돌았다. 여러 공개 강의를 들으러 다니기도 했다. 우리가 따분한 회의 시간에 회의실에 앉아 자리를 지키고는 있지만, 손은 정신을 따라 회의록에 낙서를 끼적이듯이, 쇼펜하우어는 장부책 표지나 서류철 표지 안쪽에 자유롭게 떠도는 생각을 기록하곤 했다. 그러면서 그는 정규 교육 대신 여행을 택했던 과거를 후회했다. 자신의 미래라고 굳게 믿었던 '상인'이 적성에 안 맞아서 우울했고 자기 운명에 대해 독설을 날리곤 했다. 그는 뒤늦게 배움에 대한 열정에 사로잡혔다.

쇼펜하우어는 20세에 사표를 던지고 함부르크를 떠나 독일 중부 도시 고타로 갔다. 그곳에서 김나지움에 입학해서 본격적으로 공부를 시작했다. 이런 결정을 내리는 데 어머니 요한나의 입김이 컸다. 요한나는 아버지가 세상에 없는데도 쇼펜하우어가 아버지가 그려놓은 그림 속에 갇혔다고 지적했다. 요한나는 자신의 결혼생활이 '그릇된 삶'이었다고 평가하면서 "자신의 마음에 거슬리는 삶을 사는 게 어떤 건지 난 알고 있다. 그래서 가능하기만 하다면 난 네가 이런 비참함을 겪지 않았으면 한다"[•]고 쇼펜하우어에게 말했다.

쇼펜하우어가 고타에서 공부한 기간은 짧았다. 자존감도 높고 나이도 많은 학생인 쇼펜하우어는 김나지움의 한 교사에게 공손하지 않았고 몹시 비판적이었다. 결국 6개월 만에 자퇴하고 어머니가 사는 바이마르로 갔다. 요한나는 쇼펜하우어가 온다는 소식을 듣고 편지를 썼다.

> "네가 여전히 그대로라면 너와 함께 사느니 차라리 어떤 희생이든 감수할 거야. (…) 줄기차게 트집만 잡으려는 너의 영원한 잔소리들. 어리석은 세상과 인류의 불행을 향해 터뜨리는 너의 탄식들. 이것들은 밤마다 나의 잠을 설치게 만들고 나의 꿈들을 뒤숭숭하게 만들어."[••]

• 뤼디거 자프란스키 지음, 《쇼펜하우어 전기》, 정상원 옮김, 꿈결, 2018, p.157.

•• 헬런 짐먼 지음, 《쇼펜하우어 평전》, 김성균 옮김, 우물이있는집, 2016, p.57.

쇼펜하우어의 직설화법은 어머니에게서 물려받은 게 아닐까? 아들이 온다는데 필터 없이 마음을 그대로 전달하는 어머니라니! 이 편지를 받고 쇼펜하우어는 어머니가 사는 바이마르에서도 따로 하숙집에서 살면서 대학에 가려고 혼자 공부했다. 쇼펜하우어는 언어 학습에 천재적 능력이 있었고, 철학 등 인문학적 소양이 넘쳤다. 하지만 요한나는 아들의 천재성이 전혀 자랑스럽지 않았다. 그녀는 쇼펜하우어의 박사학위 논문 〈충족 근거율의 네 겹의 뿌리에 관하여〉를 읽고는 이렇게 말한다. "이건 약제사를 위한 책인가 보구나." 그러자 쇼펜하우어는 응수한다. "어머니가 쓴 책들은 헛간에서도 찾아볼 수 없게 되더라도 제 책은 읽힐 거예요."•

요한나는 살롱을 꾸려 괴테를 비롯한 작가들과 교류했고, 실제로 자신의 책을 출간한 작가였다. 그녀는 10년 동안 베스트셀러 작가로 인세를 받아 생활을 꾸리기도 했다. 그럼에도 모자 사이는 서로 맞지 않아서 덕담이 아닌 악담을 주고받았다. 두 사람의 서로 다른 취향에서 비롯

• 뤼디거 자프란스키 지음, 《쇼펜하우어 전기》, 정상원 옮김, 꿈결, 2018, p.322~323.

된 허물 수 없는 거리감은 한편으로는 지극히 사실적이다. 두 사람은 서로 거침없이 막말(?)을 나누었지만, 그렇다고 어머니가 아들을 사랑하지 않은 것은 아니었다. 다만 우리 머릿속에 자리 잡은 방식과는 다른 방식으로 서로를 사랑했다. 어머니는 아들에게 헌신적이고 아들은 어머니의 말을 따라야 한다는 공식은, 적어도 두 모자에게는 해당하지 않았다. 요한나는 자기 행복을 지키면서 아들의 행복을 돌본 셈이다.

우리는 '화목한 가족사진'을 마음속에 간직하고 있다. 이 사진을 보고 있노라면 가족을 위해서는 개인의 취향을 돌보거나 행복을 추구하는 것쯤은 기꺼이 내려놓아야 한다는 전통적 가족관이 샘솟는다. 내 행복을 내려놓지 못할 때면 내가 이기적인 것은 아닌지 고민한다. 하지만 쇼펜하우어와 그의 어머니처럼 다름을 마음껏 표현하며 각자의 취향과 행복을 지키는 가족 관계도 있다. 다만, 서로 사랑하는 방식이 다르다고 받아들이면 어떨까. 형제와 자매는 외모와 습관 일부가 닮았더라도 서로 다른 가치관과 생활 방식을 지니고 산다. 사랑을 표현하는 방법도 비슷하면서 다르거나 전혀 다르다. 나와 생각도 취향도 다른 가족 구성원의 개성을 인정하고 받아들여야 가족 '때문에' 포기하는 것이 줄지 않을까. 그래야 가족 한 사람 한 사람이 모두 행복하지 않을까.

결핍에 인생이 송두리째 휘둘릴 때

몽마르트르의 화가 툴루즈 로트레크

어릴 때는 인생이 불공평하다고 생각했다. 하지만 살아보니 인생은 어떤 면에서는 공평하다고 생각이 바뀌었다. 그 공평함은 애써 주의를 기울여야 보이기 때문에 교묘하다. 결핍이 없는 사람은 없을 것이다. 결핍도 우리의 일부이다. 경제력, 외모 등 물리적 결핍은 눈에 잘 보이지만, 정서적, 심리적 결핍은 잘 안 보일 때가 많다. 이 결핍은 가까운 사람에게만 보인다. 또 그 깊이가 깊어서 물리적 형태로 바뀌어야 비로소 보인다. 물리적 결핍과 정서적 결핍은 따로 떼어놓을 수 없다.

이를 잘 보여준 사람이 있다. 프랑스의 화가 앙리 드 툴루즈 로트레크이다. 파리 몽마르트르에 가본 적이 있다면 기념품 가게에서 그가 그린 포스터 복사본을 한번쯤 보았을 것이다. 로트레크는 유화와 수채화뿐 아니라 잡지 표지, 카바레 공연 포스터 등 상업미술 작품을 많이 남겼다. 말하자면 뮤지컬 공연 포스터를 판화로 그린 셈이다. 인쇄술과 포토샵이 발달하기 전이라 거리에 공연을 홍보하는 포스터가 수십 장 필요했다. 그러려면 원본을 찍어낼 수 있는 석판화가 적절했고, 몽마르트르의 자유로운 분위기에서 로트레크는 많은 석판화 작업을 했다. 그는 상업 포스터조차도 예술의 경지로 끌어올릴 정도로 재능이 있었고, 인정도 받았다. 그런데도 그는 알코올 중독으로 세상을 마감했다. 그에게 무슨 일이 있었던 걸까?

로트레크는 금수저로 태어났다. 그의 아버지는 로트

레크가 초등학교에 입학했을 때 성을 선물로 사 줄 정도로 재력가였다. 로트레크의 아버지는 활달하고 사냥을 좋아하고 '먹방'을 즐겼다. 그는 남자다움에 대한 고정관념이 있었고, 자신을 남자다움의 표본으로 삼았다. 아들도 '자기처럼 남자답게' 자라기를 바랐다. 하지만 로트레크는 또래보다 왜소하고 뼈도 약했다. 감기에 한 번 걸리면 폐렴으로 번졌고 얼굴 뼈에 고름이 차기도 했다. '남자다움'에 필수인 승마 수업 중에는 탈진하기 일쑤였고 끔찍한 다리 통증 때문에 어릴 때부터 노인처럼 지팡이를 짚고 걸었다.

급기야 사건이 일어났다. 13세에 의자에 앉으려다 넘어져서 왼쪽 허벅지 뼈가 부러졌다. 그다음 해에는 산책하다 정원 웅덩이에 빠져 오른쪽 허벅지 뼈가 부러졌다. 로트레크는 왜소증을 앓았다. 이는 근친혼으로 흔히 일어나는 열성 유전병 탓이었다. 당시 근친혼이 흔했고, 로트레크의 부모님도 이종사촌 사이였다. 아버지는 왜소한 신체를 지닌 아들을 가문의 수치로 여겼고, 상속권도 로트레크의 누이동생에게 넘겼다.

당시에 왜소증을 앓는 사람은 기본 인권마저 보호받

지 못한 채 살아야 했다. 난쟁이는 물건처럼 거래되었다. 독일의 한 귀족은 기형으로 태어난 사람을 수집하는 취미가 있어서 사람을 물건처럼 매매하기도 했다는 끔찍한 이야기도 전해진다. 1938년에야 '장애인을 공공장소에 늘어놓는 행위'를 금지하는 법이 제정되었고, 비로소 왜소증을 앓는 사람을 거래하는 것이 중지되었다. 그런데 이 법도 가만히 들여다보면 인권을 보호하려는 목적이 아니라 일반인에게 혐오감을 주는 상황을 막기 위한 것처럼 보인다.

이런 사회적 분위기 속에서 왜소증을 앓는 로트레크가 외모에 대한 결핍을 털어내기는 힘들었을 것이다. 얼굴은 성인이었지만, 키는 152센티미터로 다리가 몸통보다 짧았다. 내가 그의 삶을 들여다보며 교묘하게 공평하다고 생각하게 된 데는 이유가 있다. 금수저가 저주가 되어버리고 외모 때문에 존재 자체가 가문의 배척을 당하지만, 로트레크는 그림에 뛰어난 재능이 있었다. 어머니는 그의 재능을 알아채고는 그를 파리에 있는 화실로 보냈다. 화실에서 그는 왜소증이 아니라 그림 실력으로 주목받았다. 그의 작은 키는 화젯거리가 아니었고, 화실 동료들 모두 그를 동료 화가로 대했다. 하지만 거리로 나가면 그는 왜소증을 앓는 사람이었다. 파리에 온 지 2년 후에 로트레크는 몽마르트르에 있는 화실로 옮겼다. 몽마르트르는 술집, 카바레, 사창가 등이 모여있는 유흥가로 가난한 사람들이 모여 살았고, 나중에는 유흥을 즐기는 예술가들이 모여들곤 했다.

로트레크는 몽마르트르의 어두컴컴한 술집 조명 아래서 술에 취해 동공이 풀어지고, 몸도 제대로 가누지 못하고 늘어진 사람들에게 매혹되었다. 가수와 무용수 등 술집이 일터인 사람들과도 친하게 지냈다. 그는 자기 외모를 웃음의 소재로 삼아 사람들을 웃겼다. 재미있고 지갑도 잘 여는 로트레크는 몽마르트르의 밤을 즐기는 사람들에게 인기 최고였다.

로트레크는 술을 마시며 하루를 마감하는 노동자들과 친구가 되어 농담을 주고받을 때 편안했다. 그의 캔버스의 주인공들은 술집의 무용수들, 가수들, 술에 취해서 축 늘어진 사람들이었다. 그는 인물을 아름답게 표현하는 데 관심이 없었다. 대신 알코올에 찌든 사람들이 자기도 모르게 드러내는 멍하고 공허한 표정에 주의를 기울였다. 아버지와 사촌은 그의 그림이 가문에 먹칠한다고 비난하며 침을 뱉었고, 급기야 아버지는 그의 그림 여덟 점을 불태우기도 했다. 이 사건으로 로트레크가 얼마나 집안에서 소외되었는지 짐작할 수 있다. 겉으로는 잘 지내는 것처럼 보이는 로트레크는 웃어넘겼지만, 아무렇지 않을 리가. 이쯤 되면 금수저로 태어난 게 오히려 저주였을 터. 외모에 가해지는 폭력성을 로트레크는 견디기 힘들었고, 알코올에 점점 의존했다. 중독이나 갈망은 어떤 대상을 향해 나타나는데 결핍은 채워지는 게 아니라 그대로이다. 알코올에 중독되어도 더 많은 알코올이 필요하게 되고, 지우고 싶은 소외감도 사라지지 않는다.

그는 '폭탄주'를 제조해서 사람들에게 돌렸다. 사람들이 취하는 것을 보기를 즐겼고, 자신도 취했다. 그는 점점 술에 빠져서 멍한 눈으로 허공을 응시하곤 했지만, 그럼에도 취한 사람들을 그리는 것을 멈추지 않았다. 그러면서도 카바레 공연 포스터로 명성을 얻는 데도 적극적이었다. 로트레크는 간결한 선으로 석판화를 제작해서 시선을 끌었다. 알코올 중독으로 정신병원에 입원해 있는 동안에도 증세가 나아지면 스케치를 계속했다. 유화 737점, 수채화 275점, 프린트와 포스터 363점, 드로잉 5,084점을 남겼다. 알려지지 않거나 잃어버린 작품도 다수이다. 재능만 있었던 게 아니라 그림에서만큼은 성실했다. 하지만 사생활은 엉망이었다. 아예 사창가에 들어가서 살기도 했다. 사창가에서 일하는 이들은 그의 동료이자 친구였고, 그들의 침실에도 자유롭게 드나들었던 터라 로트레크는 그들의 일상을 그림으로 남겼다.

어떤 일이 있어도 그는 자신의 재능을 벼리는 데 결코 게으르지 않았다. 재능을 알고 인정받기 위해 성실했지만, 결핍을 극복하지 못했다. 그는 어쩌면 자신의 삶을 사랑하지 않았을지도 모른다. 외모에 대한 결핍은 그를 점점 더 독한 술로 내몰았다. 술은 그의 재능은 물론 목숨도 앗아갔다.

결핍에서 자유로운 사람은 없을 것이다. 그의 외모는 결핍의 진짜 이유가 아닐지도 모른다. 우리말에 '정이 든다'는 표현이 있다. 외모는 첫인상에 영향을 주지만, 지속적 친밀감을 쌓는 데 힘이 세지 않다. 그를 처음 만나는 사람은 그의 외모가 낯설었을 테지만, 좋아하는 친구들과 동료들이 많았다는 사실은 우정을 쌓고, 동료를 사귀는 데 외모는 전혀 문제가 되지 않았다는 걸 의미한다. 우리가 그렇듯이 말이다. 하지만 그는 아버지와 가족으로부터 배척당하고, 자기가 속한 계급에서 소외되었다. 아무리 새집으로 이사 가서 가구를 새로 다 바꾸더라도 걱정거리는 그대로 따라오듯이, 로트레크도 아무리 주변에 친구들이 넘치고, 예술가로서 왕성하게 창작하고, 화가로서 이름을 날려도 결핍을 극복하지 못했다.

우리는 모두 알게 모르게 결핍을 가지고 살아간다. 미국의 작가 캐럴라인 냅은 실제로 은밀한 알코올 중독자였다. 마감을 꼬박꼬박 지키면서 사무실에 출근했을 때도 화장실에 가서 몰래 위스키를 마시는 중독자라고 고백하기도 했다. 냅은 어머니의 다정함을 그리워했고, 아버지의 인정에 목말랐다. 사회적으로 자기 몫을 잘해냈지만, 정서적 고립에 빠져 술에 의지했다. 하지만 캐럴라인 냅은 로트레크와는 다른 선택을 했다. 자신의 결핍을 인정하고 자기 이야기를 쓰고 극복했다.

결핍은 결핍을 인정할 때 극복할 수 있다. 물론 두 사람이 보여준 삶의 여정이 행복하다고 말할 수는 없다. 다만, 삶의 여정에서 결핍에 인생을 통째로 내어줄지, 인정하고 극복할지는 저울에 두고 무게를 재볼 만하다.

상속받은 재산이 많아 평생 돈 걱정 한번 해본 적 없는 J가 있다. 별일이 없다면 경제적 결핍이 어떤 것인지 모른 채 생을 마감할 것이다. 비록 로트레크의 아버지처럼 성을 살 정도의 재력은 아니더라도 하고 싶은 일이 있을 때, 물건을 사고 싶을 때 돈 때문에 망설여 본 적 없는 금수저이다. J는 무슨 일이든 세 달을 넘기지 못하고 그만둔다. 어떤 일을 하든 힘든 구간을 만나기 마련이다. 이때 결핍이 도움이 된다. 가령 대출금을 갚으려면 하기 싫은 일도 버틴다. 외적 동기든 내적 동기든 둘 중 하나는 있어야 어떤 일을 지속할 수 있다. 하지만 J는 힘들게 버틸 이유가 없고, 버틴 적이 없는 터라 성취의 기쁨이 뭔지 잘 모른다. 물질적으로 워낙 풍족하게 자라서 J가 두려워하는 것은 오직 무료하게 오래 사는 것뿐이다. 성취감을 느껴본 적이 없으니 타인의 성취에 대해서도 공감하지 못한다.

그런 점에서 가족이나 나를 부양하는 의무는 우리를 버티도록 끌어주는 가장 큰 힘인지도 모른다. 땀 흘려서 무언가를 얻을 필요가 없는 삶에는 우리를 웃거나 울게 하는 성취감이 빠져있다. 성취감은 내 한계를 넘어서 어려운 일이나 상황을 견뎌냈을 때 맛보는 열매이기 때문이다. 평생 성취감을 모르는 대신 풍족한 의식주를 누릴 수 있다면 이 또한 큰 결핍이 아닐까? 결핍에 재능을 내어준 로트레크가 될지, 한두 가지 결핍쯤이야 재능으로 나아갈 디딤돌이라고 다독일지, 생각해 볼 문제이다. 당신이라면 어떤 삶을 선택하겠는가? 어떤 삶도 완벽하진 않다. 다만 어떤 조건에 있든, 내가 가진 것을 어떻게 바라볼 것인지가 삶의 방향을 결정한다.

제3부

자기긍정 인생론, 세 번째

자기만의 방식으로,

세상의 일부가 되는 법

아물지 않는 상처로 힘들 때

일기 쓰기의 대가
아고타 크리스토프

우리는 이리저리 휘둘리며 휘청거리는 존재다. 그럴 때면 마음 근육을 기르려고 일부러 시간을 쪼개서 친구도 만나고, 같이 영화도 본다. 학창 시절에는 매일 만났던 친구들과 거리를 두게 될 거라고 상상도 못한다. 나의 희로애락과 친구의 희로애락이 겹치는 것을 당연하게 여긴다.

하지만 각자 사회생활을 시작하면서 환경이 달라진다. 하는 일도 다르고, 연봉도 다르고, 만나는 사람도 달라진다.

열심히 살다 오랜만에 약속을 잡으면 기쁜 마음으로 약속 장소로 달려 나가지만, 대화는 눈에 티끌이 들어간 것처럼 이물감이 느껴져 까슬까슬하다. 이 이물감이 낯설어서 처음 만난 사람을 대할 때보다 더 조심스러워진다. 특별한 사건은 없지만, 대화는 알맹이가 빠진 채 허공을 맴돈다. 맛집 정보, 영양제 정보를 공유하려고 마주하고 있는 게 아닌데. 어떤 일로 안면 근육을 최대로 사용하고, 어떤 생각 탓에 잠을 뒤척이는지 알고 싶지만, 친구도 변했고, 나도 변했다. 비슷한 고민을 나누던 친구는 어디로 간 걸까? 미래를 향해 달리는 분초 사회에서 과거에 갇힌 관계는 환영받지 못하는 터라 집에 돌아오는 길에 마음은 헛헛하기만 하다.

건강한 삶을 이루는 요소 중에 감정을 나눌 대상이 필수 덕목이지만, 바쁜 사회에서 이런 고민을 밖으로 내보이려면 용기를 약간 내야 한다. 감정은 명징하게 언어로 표현할 수 없고, 입 밖으로 말하면 섬세함은 날아가고 규정된 사전적 뜻만 남을 때가 많다. 공허함, 무기력, 우울

등과 친구가 된 것 같다면, 헝가리 출신의 작가인 아고타 크리스토프가 고립과 외로움을 물리친 방법을 빌려올 수 있다. 우리에게 《존재의 세 가지 거짓말》로 알려진 크리스토프는 전쟁을 오롯이 겪어내야 했다. 극한 상황에 던져져서 고립과 외로움이 절친이었다. 크리스토프는 어떻게 이를 혼자 극복했을까?

크리스토프가 4세 때 전쟁이 일어났다. 당시는 구소련과 미국이 축이 되어 공산주의와 자유민주주의란 두 이념이 말도 안 되는 대립각을 세우던 시기였다. 9세에는 독일어를 쓰는 국경 도시로 이주했고, 1년 후 러시아군이 헝가리를 점령해서 러시아어가 학교에서 의무화되었다. 학교 선생님조차도 러시아어를 몰랐던 터라 학생들에게 가르치기 역부족이었다. 강제된 언어로 인해 교사들은 가르칠 수 없고 학생들은 배울 의지를 상실한 시대를 두고 '국민적 지식 태업' 시절이라고 말한다. 크리스토프 세대는 언어뿐 아니라 소련의 문학과 역사, 지리도 배웠지만 뭐 하나 제대로 배우지 못한 세대가 되었다.

1956년, 전쟁으로 헝가리에서 3만 명이 죽었고, 그해 크리스토프의 남편이 정치에 연루되어 스위스로 망명할 수밖에 없었다. 갓난아기인 딸을 업고, 가방에는 생필품이 아니라 소중한 '사전들'을 챙겨 넣고 국경을 넘었다. 망명 과정은 기나긴 여정이었다. 헝가리와 오스트리아의 국경을 넘은 후 빈의 난민 센터에 며칠 머물렀다. 그 후 스위스 로잔에서 한 달 동안 머물다 취리히로 간 후 베른 근처의 작은 마을 발랑쟁에 마침내 정착했다. 그 후 크리스토프는 시계 공장에서 일하기 시작했다.

직장인의 삶은 나라와 시대를 막론하고 크게 다르지 않다. 새벽 5시 반에 일어나서 저녁 5시에 퇴근했고, 퇴근 후에는 동네의 작은 가게에서 장을 보고 저녁을 준비하고 아이를 재우고, 설거지한 후 글을 조금 썼다. 특별한 것 없는 우리도 잘 아는 퇴근 후 일상이다. 안정적 직장 생활로 난민으로 떠돌 때보다 물질적으로는 풍요를 누렸다. 음식도 넉넉했고, 겨울이면 난방도 걱정할 필요가 없었다. 월급이 주는 혜택을 톡톡히 맛보았지만, 그녀는 '일요일을 기다리는 일 말고는 아무것도 기대할 것이 없었기 때문에' 슬펐다. 안정적인 일상에 마음을 다독이는 대화가 빠져있는 탓이었다. 바람이 부는 절벽에 혼자 서있는 것 같을 때마다 크리스토프가 놓지 않은 끈이 있다. 바로 일기 쓰기이다. 그녀는 난민으로 떠돌 때는 물론 어릴 때 군대 막사 같은 기숙사에서 생활할 때도, 스위스의 안락한 품에 안겨있지만 마음에 차가운 바람이 불 때도 일기를 쓰고 또 썼다.

크리스토프가 일기를 쓴 역사는 어릴 때로 거슬러 올라간다. 전쟁으로 그녀의 가족은 뿔뿔이 흩어졌다. 아버지는 잡혀서 감옥에 들어가서 생사도 모르고, 어머니는 아이들을 키우느라 닥치는 대로 일했지만, 크리스토프를 부양할 형편이 안 됐다.

크리스토프는 14세에 기숙사에 들어가서 10인실이나 20인실로 된 공동 침실에서 살았다. 그녀는 그곳에서 규율에 따라 생활해야 했다. 아침 6시에 일어나서 저녁 10시에 잠자리에 들고, 학교에서 돌아오면 저녁 식사 때까지 자습을 했다. 그녀는 이 시간을 '긴 침묵의 시간'으로 기억한다. 어른도 겪으면 힘든 슬픔을 청소년기에 오롯이 혼자 견뎌야 했다. 크리스토프는 강제 자습 시간에 일기를 쓰기 시작했다. 가족과 집을 잃은 불행, 고통, 슬픔에 대해,

‘밤마다 침대에서 소리 죽여 울게 만드는 모든 것’에 대해 썼다. 그뿐 아니라 일상도 모두 혼자 해결해야 했다. 다른 아이들에게 학용품을 빌려 쓰는 것은 물론 신발조차 빌려 신곤 했다. 신발이 낡아서 수선을 맡기고 다른 아이의 신발을 빌려 신었는데 그마저도 신발 주인이 신발을 달라고 하면 침대에 누워서 지냈다. 신발이 없어서 수선이 끝날 때까지 돌아다닐 자유를 박탈당하는 웃지 못할 상황이었다. 그녀는 작은 용돈이라도 벌려고 짧은 연극 대본을 썼다. 쉬는 시간이면 기숙사 방마다 찾아다니면서 짧은 공연을 하기도 했다. 입장료는 빵 한 개 가격이었다. 일기 쓰기로 다져진 실력으로 대본을 써서 그런지 공연이 흥행해서 공연을 보려는 아이들이 복도에 늘어설 때도 있었다. 공연의 대가로 음식을 받았지만, 진짜 보상은 다른 데 있었다. 그녀는 “가장 큰 보상은 사람들에게 웃음을 준다는 행복감”•이라고 밝혔다.

혼자 슬픔을 감당할 수 없어서 쓰기 시작했고, 그다음

• 아고타 크리스토프 지음, 《문맹》, 백수린 옮김, 한겨레출판, 2018, p.44.

에는 작은 용돈이라도 벌려고 희곡을 썼다. 글이 사람들의 마음에 가닿으면 그녀의 슬픔이 잦아들었다. 크리스토프는 쓰는 동안 언제나 작가였다. 하지만 사람들로부터 작가라고 불리는 여정은 난민으로 떠돌다 정착한 것과 비슷했다.

발랑쟁에서는 당연하지만 모국어인 헝가리어가 아니라 프랑스어를 써야 했다. 망명자로서 외국어로 글을 쓰면서 사람들에게 가닿기란 힘들어 보였다. 그래도 그녀는 포기하지 않고 프랑스어를 배우며 글을 썼다. 어느 날 그녀가 쓴 희곡을 동네 아마추어 배우들이 한 카페에서 공연했고 공연은 성황리에 막을 내렸다. 고작해야 동네 카페에서 막을 올린 이벤트였지만, 이 작은 이벤트로 크리스토프는 계속 쓸 동기를 얻었다. 그러다 몇몇 사람의 권유로 라디오 방송국에 원고를 보냈고, 이를 계기로 저작권료를 받으며 글을 쓰기 시작했다. 그녀는 책을 출간하는 방법도 모르고, 출간할 마음도 전혀 없이 그저 쓰고 또 썼다. 잊을 수 없는 슬픔과 무기력이 노트에 차곡차곡 쌓였다. 살인, 강간, 폭력, 학대 등 직접 보고 겪었던 상처가 2년 후에 한 편의 이야기가 되었다.

그녀는 완성된 이야기를 다듬고 또 다듬었지만 어떻게 해야 할지 몰랐다. 지인의 권유로 원고를 프랑스의 3대 출판사에 보냈다. 두 곳에서는 거절 편지를 받았고, 한 곳에서 출간 계약서를 쓰자는 편지를 받았다. 그렇게 세상에 나온 책이 자전적 소설 《존재의 세 가지 거짓말》이었고, 무려 18개 언어로 번역되었다. 소설이 인기를 얻으면서 크리스토프는 낭독회를 다녔고 작가가 되는 법에 대한 질문을 받으면 다음과 같이 말했다. 그녀의 대답은 싱겁다.

> "무엇보다, 당연하게도, 가장 먼저 할 일은 쓰는 것이다. 그런 다음에는 쓰는 것을 계속하는 것. 누구의 흥미를 끌지 못할 때조차. 영원히 누구의 흥미도 못 끌 거 같은 기분이 들 때조차. 원고가 서랍에 쌓이고 다른 것들을 쓰느라 쌓인 원고를 잊어도."•

크리스토프는 자신의 의지로는 어쩔 수 없는 전쟁에서 아무 잘못이 없는 사람들이 주검이 되는 것을 두 눈으

• 아고타 크리스토프 지음, 《문맹》, 백수린 옮김, 한겨레출판, 2018, p.97.

로 보았다. 단지 세상에 태어났다는 이유로 참혹한 상황에 던져져서 말로는 표현할 수 없는 커다란 슬픔을 평생 가슴에 품고 살았다. 가족과 모국어까지 잃었으니, 삶의 끈을 송두리째 놓는대도 이상하지 않다. 상처가 깊게 새겨져 슬픔을 나눌 사람이 없을 때마다 일기장은 크리스토프의 다정한 친구가 되어주었다. 일기 쓰기는 혼자 태풍을 막아내는 방법이었고, 태풍이 남긴 흔적을 돌보는 수단이었다.

우리는 상처를 다루는 법을 잘 모른다. 그래서 종종 방치하고 그 결과 곪고 덧난다. 누가 조금만 건드려도 상처가 올라와서 숨기느라 화를 내면 상대는 당황해서 달아난다. 또는 안으로 움츠리며 상황과 사람을 피해버린다. 부당한 일을 겪어서 슬픔이 가슴 가득하다면 화를 내거나 움츠리는 대신 크리스토프처럼 일기에 풀어놓으면 어떨까. 일기가 쌓이고 쌓여 내 역사가 될 것이고, 다른 사람에게 위안을 줄 수 있는 역사로 바뀔지도 모를 일이다.

적성을 못 찾아 갈팡질팡할 때

기록사진가
외젠 앗제

"앞으로 직업을 위해 무엇을 준비해야 할지 잘 모르겠어요."

일 때문에 만난 한 대학생에게서 받은 질문이었다. 이십 대 초반인 그의 앞에는 무한한 가능성이 열려있다. '무한한' 가능성은 뒤집어 보면 아무것도 정해진 것이 없다는 말도 된다. 어디에든 갈 수 있지만, 그곳이 어디인지 몰라 막연하다. 목적지를 모르면 그곳의 환경과 조건을 몰라 무엇을 준비해야 할지 감조차 없다.

직장과 사회에서 쓸모 있는 사람이 되려면 무엇을 준비해야 할지 처음부터 명쾌하게 아는 사람이 얼마나 될까? 직업 적성을 처음부터 선명하게 알고 일에 뛰어든 사람은 많지 않다. 전문직을 선호하는 이유도 어쩌면 이런 고민의 수고로움이 덜어지기 때문일지도 모른다. 의대, 법대, 사범대처럼 졸업 후 진로가 정해진 경우는 소수이다. 우리 대부분은 적성도 모르고 시간에 쫓겨서 일단 어딘가에 소속되는 게 우선이라고 믿곤 한다. 실제로 몇몇 선택지가 앞에 놓이면 그간의 고민이 무색해지게 즉흥적으로 선택한 후에 상황에 맞추게 된다.

나도 이 과정을 겪었다. 시험 점수에 맞추어서 프랑스 문학 전공자가 되어 뼛속까지 문과생이 되었다. 프랑스 작가들은 대부분 이곳이 아니라 '저곳au-delà'을 그리워했다. 이십 대에는 '저곳'이 어딘지 이해 못하고, 저곳은 나른하게만 보였다. 청년기의 나에게는 이곳, 다시 말해 고등학교의 규율에서 해방되어 밤새 술을 마셔도 되고, 기나긴 방학을 배짱이처럼 보내도 괜찮은 자유만 보였으니까. 하지만 전공 탓인지 내 기질 탓인지 사회생활을 하면서 나도 모르게 프랑스 작가들처럼 이곳에 적응하지 못하고 저곳을 찾아 헤맸다. 퇴사는 했는데 어떤 일을 해야 할지 모르겠고, 적성도 몰라 갈팡질팡한다면 프랑스 사진가 외젠 앗제가 39년 동안 자기만의 방식으로 적성을 찾아간 이야기로 들어가 보자.

외젠 앗제는 파리의 건축물, 골목, 공원 등을 찍었던 터라 기록사진가로 불린다. 앗제가 사진에 입문한 이유는 생계 때문이었다. 서른 무렵 사진에 발을 들여놓을 때까지 그는 직업 적성을 잘 몰라 우리처럼 방황하며 여러 직업을 전전했다. 7세에 부모님을 여의고 조부모님 밑에서 자란 터라 어릴 때부터 일했다. 중학교를 졸업한 후 외항선원으로 일한 적도 있고, 21세에 파리로 이주해서 배우로 생활하기도 했다. 파리 근교와 지방으로 유랑하며 꽤 오래 연기를 했지만, 배우로서 별 재능도 없었고 특별히 내세울 만한 경력도 쌓지 못했다. 결정적으로 배우로 생계를 꾸리기 벅차서 그만두었다. 그의 나이 서른이었고,

여기저기 떠돈 지도 15년이 흘렀다. 사회인으로 15년은 결코 짧은 시간이 아닌데도 여전히 우왕좌왕하는 사람이 앗제만은 아닐 것이다.

서른은 인간에게 어떤 분기점일까? 나도 서른부터 진짜 삶을 찾아 이리 기웃 저리 기웃 하며 고민하기 시작했는데 앗제도 그렇다니 친밀감이 와락 느껴졌다. 서른이 뭐기에. 서른은 신체적으로 젊고, 정신적으로는 성장하는 시기이다. 우리는 성장을 현재보다 나은 물질적 상태로 여기곤 하는데 나는 성장을 다르게 정의하고 싶다. 진정한 성장은 자신감이 꺾이면서 내 중심으로 세상을 바라보기를 멈추고, 나를 세상의 일부로 바라보기 시작할 때 일어난다. 세상이 뜻대로 굴러가지 않는 것을 깨닫고, 나의 뾰족한 부분을 갈아서 맞출 수 있는지 가늠하고, 지속적으로 사수할 만한 가치를 찾을 때 성장한다. 앗제의 속마음을 정확히 알 수는 없지만, 그의 독특한 여정은 이와 비슷하다.

앗제는 여러 길을 돌아다니다, 마침내 직업 적성을 찾았다. 어릴 때부터 한 분야에서 특출난 재능이 도드라지는 사람은 극소수이다. 우리는 대체로 평범하다. 재능은 처음에는 눈에 띄지 않는 평범함에서 싹튼다. 흔히 이때 몇 가지 작은 시도를 해보고는 '나랑 안 맞아'를 되뇌며 그만두기 쉽다. 이럴 때 앗제처럼 '생계를 꾸리겠어' 같은 구체적 목적이 있다면 어떨까? '죽은 후에도 알려질 사진을 찍겠어' 같은 거창한 목표가 아니라 현실적 목적이 도움이 될 때가 많다. 오히려 거창한 목표는 달성할 수 없을 때가 많고, 그래서 괴롭다. 꿈을 꾸면 이루어진다고들 하지만, 인생 짬밥을 좀 먹으면 알게 되는 사실이 있다. 꿈은 꾸어도 안 이루어질 때가 훨씬 많다. 그래서 꿈을 이룬 사람을 보면 우리는 맹목적으로 끌리고 존경하게 된다. 그러니 거창한 목표는 잠시 뒤로 미뤄두고 구체적 목적을 먼저 설정해 보면 어떨까?

앗제는 우리에게 거창한 목표가 아니라 현실적 목적을 가지고 꾸준히 시간을 쏟을 때 나오는 흥미로운 결과를 보여준다. 그는 예술가들이 작업할 때 필요한 자료 사진을 찍어서 팔았다. 나중에는 공공기관에 사진을 팔았다. '백 년 뒤에도 사람들이 감탄하는 사진을 찍겠어' 같은 굳은 결심 따위는 한 적 없다. 대신 앗제는 당시 사회 분위기, 다시 말해 사진을 팔 수 있는 시장을 잃었다. 그 당시 파리는 재개발이 한창이었다. 파리의 프렝탕 백화점과 라파이예트 백화점이 있는 오스망 대로, 이 거리 이름의 주인공인 오스망 남작이 파리 도시계획을 추진했다. 오스망 남작은 상업으로 부를 축적해서 새로 떠오르는 부자들을 위해 옛 시가지 전체를 철거하고 편리한 신축 시가지를 만들려고 했다. 그때나 지금이나 편리한 신축은 사람들의 사랑을 받는다. 안 그래도 파리는 산업혁명으로 19세기 내내 재건축 붐이 일었던 터라 도서관이나 박물관 등 공공기관은 사라지는 과거 문화유산에 대한 시각 자료를 경쟁적으로 수집했다. 사진은 물론 드로잉, 판화 등 자료 수집이 한창인 시대였다. 앗제는 이런 시대의 흐름에 따라서 공공기관에 사진을 팔게 되었다.

앗제는 '생계형 작가'로 시작한 터라 그의 작품들은 나중에 비평가들 사이에서 미학적 평가에 대한 논쟁을 일으키기도 했다. 어떤 비평가는 그를 상업 사진쟁이로 불렀다. 즉 방대한 문화유산을 기록한 '자료 사진가'로 평가했다. 하지만 어떤 비평가들은 앗제가 고유한 스타일을 가지고 있어서 자료 사진 이상의 미적 가치를 담았다고 보았다. 평단에서 일어난 논쟁의 결론이 어떻든 앗제가 살았던 파리의 몽파르나스 캉파뉴 프르미에르 가에 자리한 그를 기념하는 비에는 '현대 사진의 아버지'라고 쓰여있다. 판단은 각자의 몫이 아닐까?

분명한 것은 앗제가 자기만의 길을 걸었다는 점이다. 그는 어디에도 소속되지 않고 독립적으로 부지런히 일했다. 사진을 체계적으로 배운 적이 없지만, 매일 커다란 카메라를 둘러메고 거리로 나갔다. 그 과정에서 점점 자기만의 스타일을 만들어나갔다. 초등학교에 입학해서 삐뚤빼뚤 글씨를 쓰다가 학년이 올라가고 철자법에 익숙해지면, 누구나 고유한 필체를 갖게 되듯이 말이다. 한 사람이 특정 분야에서 도드라진 개성을 쌓는 것은 이런 식일 때가 많다.

앗제는 아주 무거운 뷰카메라와 커다란 유리 원판 장비를 끌고 파리의 골목을 구석구석 누볐다. 게다가 커다란 광각 렌즈가 달린 카메라로 작업했다. 거리가 작업장인 그에게 무거운 카메라 장비를 가지고 다니는 것은 노동에 가까웠다. 하지만 그는 광각 렌즈를 포기하지 않았다. 요즘으로 말하면 필체를 예쁘게 강조하기 위해 좋아하는 펜을 고집하는 것과 비슷하지 않을까? 그 결과 기준에 덜 맞는 방식으로 '앗제표' 풍경을 담아낼 수 있었다.

그가 거래했던 공공기관에서는 건축물이나 유적을 적당하게 담은 기록 사진을 원했다. 하지만 앗제는 고객이 원하는 중립적 시선 외에 다른 요소들을 사진에 담았다. 때로는 거리의 개구쟁이들도 등장하고, 파리의 가난한 동네나 동시대인들도 등장한다. 이러한 사진들에는 자연스럽게 사회 분위기가 담긴다. 허물어진 건물과 사람들 옷차림에서는 빈부의 격차가 보이고, 시골 풍경 연작에서는 한 폭의 그림을 보는 듯한 고요함이 묻어난다. 앗제는 자신만의 관심 영역으로 더 나아가 '파리의 거리 소음Cris de Paris'을 주제로 영세 상인들을 연작으로 찍었다. 이 중 80장 정도를 그림엽서로 출판하기도 했다. 이 작업은 상업적으로 가장 성공했다.

그는 선 제작, 후 판매 작업 방식을 고수했다. 고객 맞춤을 그만의 방식대로 이어간 데는 작은 사건이 계기가 되었다. 한번은 파리 시립역사도서관의 담당자에게서 튈르리 공원을 촬영해달라는 요청을 받았다. 앗제는 평소 작업 방식대로 자기 마음대로 찍다 보면 잘된 작품이 나올 거라고 믿었다. 하지만 결과는 예상과 달랐고, 담당자는 앗제에게 이런 말을 남겼다. "무엇을 찍어야 하는지 모르는 사람이군요."

그 뒤로는 판매 주문을 먼저 받지 않았다. 이것이 앗제가 프리랜서 사진가로 공공기관의 규칙에 따라 작업하면서도 자기 시선을 계발하고 보존할 수 있었던 이유이다. 프랑스 영화감독 아네스 바르다도 말했듯이, 어떤 일에든 따라야 하는 규칙과 규율은 있기 마련이다. 아무리 프리랜서로 일할지라도 말이다. 규칙과 규율을 따르면서도 자기 시선을 지키려고 했기 때문에 나는 앗제를 진짜 예술가라고 말하고 싶다. 예술가들을 위한 예술이 아니라 평범한 사람들을 위한 예술을 한 사람이라고.

이렇듯 앗제는 자기 적성을 몰라서 많이 헤매고 돌아갔지만, 사진을 찍기 시작하면서는 반짝반짝 빛났다. 39년 동안 사진을 찍은 사실이 이를 말해준다. 아무리 적성에 맞는 일이라도 하기 싫은 일은 있기 마련이다. 그조차 껴안아야 한다. 그럴 때 돌파구가 필요한데 앗제는 따라야 하는 것과 끌리는 것을 둘 다 했다. 그의 작품들은 우리에게 과거 파리의 이국적 거리로 여행하는 시간을 선사한다. 매일 거리로 출근해서 열심히 사진을 찍은 결과 나중에 앗제는 파리 시청이 필요한 사진을 모두 가진 사람이 되었다. 꾸준함을 이길 수 있는 것은 아무것도 없다. 그것이 직업 적성일지라도 말이다.

직업 적성은 어쩌면 하기 싫은 일도 참아내는 방법을 찾아내는 지혜를 말하는 게 아닐까. 이것저것 조금씩 발을 담갔다가 적성에 안 맞는다는 이유로 그만두는 경우가 많다. 나도 그랬다. 하지만 인생의 법칙은 하나이다. 아무것도 안 하고 계획만 세우면 그 계획은 영원히 계획으로 남는다. 일단 해보고 안 맞는 것을 알게 되면, 그만두더라도 깨닫는 것도 있고, 방향도 새로 설정하게 된다. 계획은 수정하라고 있는 것이다. 일하다 보면 잠재된 자질도 계발된다. 가능성이 무한하다는 말은 사실은 아무것도 시작하기 전이란 말과 같다. 그러니까, 직접 부딪쳐 본 후에야 고민은 의미를 얻는다.

주변과 어울리지 못해 고민할 때

천재 철학자
루트비히 비트겐슈타인

어른은 5년 주기로 친구가 바뀐다고 한다. 환경이 바뀌면 만나는 사람이 달라지기 때문이다. 나는 사회가 제시한 일반적 생애주기를 벗어나서 살고 있고, 한 직장에 꾸준히 다니지 않았다. 학창 시절 친구들, 한때 직장 동료들과 이제 공유할 거리가 별로 없다. 일상을 꾸리는 방법이 너무 다르고 세계관도 다르다. 그럼에도 불구하고 인생이란 긴 레이스에서 한 구간을 함께 달린 '크루'라는 이유로 통하는 게 있다고 믿는다. 이 믿음은 때로는 맞고 때로는 틀리다.

오랜만에 마주 앉으면 반가움은 잠시. 달라도 너무 다른 모습에 내가 찾던 친구가 아니어서 흠칫한다. 우리는 모두 가족도 있고, 동료도 있고, 친구도 있지만, 종종 외롭다. 건강한 관계를 맺으려면 이따금 꽃이 피는 화초를 가꾸는 것처럼 공을 들여야 하는데 오히려 그렇지 못할 때가 많다. 새로운 관계 맺기 세포는 학교를 졸업한 후에는 계속 퇴화한다. 그러다 보면 점점 자기만의 성을 쌓고 외로움이 가득한 성안에 자신을 가둔다. 성문을 열고 두 팔 벌려 사람들을 맞이해야 할 사람은 성주인데 말이다. 성문에 계속 빗장을 걸어두면 얼음 왕국의 왕이 된다. 언어철학자이자 분석철학자인 비트겐슈타인이 외로움은 바깥에 있는 게 아니라 자기 내부에 있다고 말한 것과 일맥상통한다.

비트겐슈타인은 '삶은 자기 본성과의 전투'라고 여겼

다. 그는 자기만의 성벽을 높게 쌓고 지독하게 자기 세계에 살면서 평생 자기 본성과 싸웠다. 그는 비유하자면 오스트리아의 '삼성가'에서 태어났다. 그의 아버지 카를은 자수성가한 철강업 사업가로 커다란 부를 축적했다. 8남매를 두었고, 자식들이 문화계에서 수동적인 소비자가 아니라 공헌자가 되기를 바랐다. 자식들을 학교에 보내는 대신 28명의 가정교사를 고용해서 홈스쿨링을 시켰다. 하지만 비트겐슈타인의 형 셋이 아버지의 강압적인 교육 철학 탓에 이러저러한 이유로 자살했다. 그러자 그의 아버지는 놀라서 남은 아들 둘을 학교에 보냈다.

태어날 때부터 금수저였던 비트겐슈타인은 보통 아이들이 다니는 학교에 잘 적응하지 못했다. 원래 말수도 별로 없고, 친구를 사귀는 데도 재능이 없었다. 그는 오히려 학교 친구들의 행동이 집에서 받았던 교육과 달라 충격을 받았다. 공부도 그저 그런 학생이었다. 그는 아버지의 권위에 압도되어 자기가 하고 싶은 말이나 진실을 이야기하길 꺼렸다. 대신에 상대방이 기대하는 말을 하곤 했다.

그는 아버지의 바람대로 공학을 전공하고, 라이트 형제가 비행기를 발명하기 전에 최초로 비행기를 만든 사람이라는 타이틀에 도전했다. 그는 아버지의 목표인지 자신의 목표인지 모른 채 아무튼 비행기를 만들러 맨체스터로 갔다. 하지만 그가 만든 비행기는 하늘을 나는 데 거듭 실패했다. 이후 항공학이 자신과 맞지 않는다고 판단한 그는 점점 철학적 물음에 강하게 끌렸다. 곧 항공학을 그만두고 철학적 질문에 대한 답을 찾는 데 몰입했다. 그의 어린 시절을 보면 그는 사회, 특히 아버지가 제시한 제도에 맞추려고 애썼다. 우리가 기존 질서에 의문을 품는 대신 먼저 순응하는 법을 배우듯이.

하지만 전쟁이 그의 순응적 세계관을 바꾸었다. 전쟁이 일어나자 그는 입대를 자원해서 5년 동안 군복무를 했다. 그의 예민한 기질은 단체 생활이 필수인 군대와 맞지 않는데도 자원했다. 그는 왜 자기 본성과 어긋나는 진로를 선택해 분투했을까. 얼마든지 무임승차할 수 있는데도 그는 전쟁터에서 후퇴하지 않고 오히려 가장 위험한 임무를 자처했다. 군대에서 안 맞는 사람들과 지내면서 사람들을 더 싫어하게 되었고, 생사가 오가는 전장 한가운데서 자신이 죽음의 공포를 견딜 수 있을지 자문했다. 이쯤 되면 그가 고통을 즐기는 마조히스트처럼 보인다. 하지만 그는 매일 포탄이 날아다니는 전장에서 죽을지도 모른다는 두려움에 사로잡힌 순간에 자신이 가장 훌륭하게 살고 있다고 확신했다.

이렇게 우왕좌왕하고 있을 때 당시 분석철학의 대가인 버트런드 러셀을 만나서 철학으로 진로를 바꿀 수 있었다. 러셀은 비트겐슈타인의 천재성을 알아본 사람이다. 만약 비트겐슈타인이 러셀을 만나지 못했더라면, 비트겐슈타인의 철학은 영원히 알려지지 않았을지도 모른다.

비트겐슈타인은 지독하게 외로움을 느끼면서도 그 외로움을 즐긴 독특한 고집쟁이다. 어디에도 소속되기를 꺼렸고 전쟁터에서 돌아와서 서른이 넘은 나이에 사범대학교를 졸업했다. 그 후에도 역시나 자원해서 가난한 시골의 초등학교에서 근무했다. 그는 외딴 마을의 오두막에서 빵 한 덩어리로 금욕적 생활을 이어갔다. 수도원에 사는 수도사들처럼 최소한의 물질에 의지해 살며 가족의 막대한 부를 철저하게 밀쳐냈다. 대신 그는 인적 자원의 풍요를 만드는 데 관심과 노력을 쏟았다. 작은 시골 학교에서 학습이 빠른 아이들 몇 명을 모아서 대수학을 가르치는 열정을 보였다. 하지만 아이들이 따라오지 못하면 체벌도 망설이지 않았다. 교육에 대한 그의 열정은 아버지의 방식을 닮아있었다. 자식들이 원하는 것이 아니라 자신이 원하는 대로 교육했던 철학.

비트겐슈타인은 학습이 빠른 아이들의 부모에게 아이들을 상급학교에 진학시키도록 설득했지만, 공허한 메아리였다. 동네 사람들에게 그는 귀족, 그것도 '이상한' 귀족이었다. 그는 자신의 출신을 숨겼지만, 그가 물려받은 문화적 유산과 정신적 고상함을 숨길 수는 없었다. 가령 삼성가 출신의 자식이 값싼 슬리퍼를 신으면 오히려 화젯거리가 되듯이 말이다. 마을 사람들에게는 상급학교 교육보다 농사일을 도울 일손이 더 필요했다. 그의 열정은 아이들의 상황을 전혀 고려하지 않는 고집이었다. 당연히 그의 제안은 번번이 거절당했다.

러셀은 이런 비트겐슈타인의 고집이 에너지를 낭비하는 것이라고 설득했지만, 그의 고집을 꺾을 수는 없었다. 비트겐슈타인은 견고한 자기 성안에 머물며 좌절 고리에서 빙빙 돌았다. 그는 왜 이런 집착을 했을까? 막대한 부를 이룬 가문의 일원으로 사는 대신 그의 아버지처럼 정신적 영역에서 자수성가하고 싶었던 걸까? 그럴수록 그는 사람들과 멀어져 고립의 무덤으로 걸어 들어가곤 했다.

그는 웬만큼 써대도 줄어들지 않을 유산도 형제들에게 모두 주고는 극빈자로 살기를 선택했다. 전쟁에 나가서는 죽음을 마주하는 공포를 매일 이겨내려고 애썼다. 그렇다고 애국심이 있는 것도 아니었고 동료애나 전우애를 돈독하게 쌓은 것도 아니었다. 오히려 주변 사람과 말이 안 통한다며 외면했다. 일상인으로서 자신의 본성과 반대되는 길만 일부러 선택해서 좌절의 길만 따라간 셈이다.

비트겐슈타인은 베를린에 거주하면서 그의 원고《논고》를 출판하려고 할 때도 역시 좌절을 겪었다. 그의 이론이 널리 알려지기 전이라 출판계의 시선으로 보면 팔리지 않을 책이었다. 한번은 자비 출판을 권유받았지만, 거절했다. 사람들에게 강제로 책을 받아들이게 하면 안 된다고 생각했다. 그는 정신적 삶에 몰두했고,《논고》는 정신적 투쟁의 산물이었다. 그는 사람들이, 심지어 러셀을 비롯한 케임브리지 교수들도 자신의 책을 이해하지 못할 거라고 확신했다. 그럼에도 책을 출판하려고 적극적이었다. 그는 사람들이 자신의 철학을 이해하지 못할 거라고 생각하면서도 왜 책을 출판하려 했을까? 이 모순된 행동을 어떻게 이해해야 할까? 어쩌면 책을 통해 평범한 사람들의 세계로 들어가고 싶었던 것은 아니었을까? 결국 책은 출판되었고, 영국에서 인기를 얻었다. 하지만 그의 가문 사람들은 이 인기를 비웃었다. 그는 책을 완성한 후에 그가 매달렸던 문제들을 해결했지만, 그의 성취가 그다지 중요하지 않은 것에 놀랐다.

그가 러셀에게 보낸 편지에는 이런 말이 적혀있다.

> "내 안 깊은 곳에는 간헐천의 바닥처럼 영속적으로 끓어오르는 동요가 있으며 그것이 언젠가 갑자기 분출해서 나를 다른 사람으로 만들어주기를 계속 바라고 있습니다."•

그에게 성취는 자신의 본성과 투쟁을 통해 얻어낸 것

• 레이 몽크 지음, 《비트겐슈타인 평전》, 남기창 옮김, 필로소픽, 1990, p.147.

이었다. 다시 말해 자기 자신을 완전히 극복하는 것이라고 믿었다. 과연 타인에 대한 관심과 이해 없이 자기 자신을 극복할 수 있을까? 그의 철학에 따르면 그는 영혼이 순수하다면 바깥에서 무슨 일이 일어나든지 자아에는 아무런 영향을 미칠 수 없다고 믿었다. 그러므로 관심을 쏟을 대상은 자아이지 외적인 문제들이 아니라고. 그는 이런 식으로 자신을 재창조하는 데 평생을 보냈다.

아이러니하게도 비트겐슈타인이 절실히 원하는 것은 "단 한마디라도 이성적 말을 나눌 수 있는 영혼을 만나는 것"•이었다. 그는 대화가 통하는 사람을 평생 그리워했지만, 주변을 차단하고 마음 맞는 사람을 찾아 나서지도 않았다. 또 자신을 다른 사람에게 맞추려고 하지도 않았다. 그는 주변에 스미지 못해 평생 고통 속에서 살았다. 어쩌면 이것이 그가 철학에 더욱 매달린 이유인지도 모른다. 비트겐슈타인은 일상을 저버린 탓에 그 고민을 철학적으로 풀었다.

어떤 일에 지나치게 매달리고 안달복달한다면 현재

• 레이 몽크 지음, 《비트겐슈타인 평전》, 남기창 옮김, 필로소픽, 1990, p.303.

사계절 중 겨울을 지나고 있는 것은 아닌지 돌아보면 어떨까? 명리학에서는 누구나 사계절을 지난다고 본다. 단, 지나는 계절의 순서가 다르다. 누군가는 겨울을 먼저 지나고, 봄을 나중에 지난다. 또 누군가는 여름부터 지난다. 비트겐슈타인은 주변과 어울리기를 거부하고 자신 안에서 평생 겨울만 지나는 생을 살았던 게 아닐까, 상상해 본다.

그렇다면 나는, 당신은 어떤 계절을 지나고 있을까?

담벼락에 대고 욕이라도 해야 할 때

욕쟁이 작가
찰스 부코스키

"회사 생활이 다 괴롭기만 한 건 아니에요. 40퍼센트는 괴롭지만, 60퍼센트는 재밌어요."

20년 차 직장인 P의 말이다. P는 회사 일로 스트레스를 받으면 마음 맞는 동료 몇 명과 술을 마시며 뒷담화로 푼다고 했다. 덕분에 퇴사로 질주하는 마음을 물리치곤 한다. 어디 P만 그럴까. 나도 직장에 다닐 때 그랬다. '참을 수 없는 존재' 혹은 참을 수 없는 상황을 만나면 내 말을 다른 사람에게 옮기지 않을 동료 두세 명에게 뒷담화를 쏟아내곤 했다.

뒷담화는 수동적 방식으로 의견을 표현하는 터라 바람직하지 않다고 여겨진다. 하지만 우리 모두 칸트가 될 수는 없는 노릇이다. 칸트처럼 다른 사람을 돕고 기쁨을 느끼는 것은 옳지 않으니까 그저 돕는 것 자체에 집중하는 사람이 얼마나 있겠는가. 우리는 다른 사람을 도우면 기분도 좋고 자랑도 하고 싶다. 무례한 사람을 만나면 이해하기 전에 욕부터 나온다. 아는 것과 행동은 별개일 때가 많다. 왼손이 하는 일을 오른손이 알게 하라, 우리는 보통 사람이다.

해변에서 자갈을 보듯이 무례한 사람을 흔히 만날 때마다 욕이라도 안 하면 수명이 단축될지도 모른다. 나는 타인에게 결정적 피해를 주지 않는 잔잔한 욕은, 정신 건강에 좋다고 믿는 편이다. 사람을 인격적으로 모욕하거나 공격적이라면 곤란하지만 말이다. 어느 정도 선을 지키면서 마음에 안 드는 사람을 욕하는 것은 사회생활에서 피할 수 없는 본능이다. 그래도 꺼림직하다면 〈타임〉지가 '미국 하층 삶의 월계관'이라고 부른 작가, 찰스 부코스키에게서 잠시 위안을 얻는다. 미국 서점에서 찰스 부코스키의 책들은 가장 많이 도난당한다고 한다. 부코스키는 날것의 표현을 종종 사용하고, 심지어 글에 욕도 사용한다. 그는 왜 욕쟁이가 되었을까?

부코스키 가족은 1930년에 로스앤젤레스에 정착했다. 당시 아버지는 실업자였고, 어린 부코스키를 자주 학대했다. 그의 아버지는 일주일에 세 번, 면도기를 가는 가죽 끈으로 그를 때렸다. 어머니는 아버지의 학대를 묵인했다. 부코스키는 어린 시절 학대를 겪으면서 부당한 고통을 이해하게 되었다. 게다가 그는 수줍음도 많이 탄 데다 독일인인 어머니의 영향으로 독일 악센트가 강해서 제1차 세계대전 때 독일군 병사를 경멸하는 표현으로 썼던 '하이힌리'로 불리며 놀림을 당하기도 했다. 피부병도 심해서 외모에 민감했던 십 대에는 주로 칩거하며 지냈다. 그의 내면은 우울과 분노로 가득 찼다. 가정에서 보호받지 못하고, 또래 집단에서 따돌림을 당한 그는 우울과 분노를 글로 표현하기 시작했다.

십 대 초에는 한 친구의 추천으로 알코올을 처음 맛보았고 이후 알코올을 정신과 영혼의 양식으로 부르며 평생 절친으로 지냈다. 고등학교 졸업 후에는 로스앤젤레스 시티 칼리지에 2년 동안 다니면서 미술, 저널리즘 문학 수업을 들었지만, 제2차 세계대전으로 학교를 그만두고 뉴욕으로 이주했다. 비정규직으로 일하며 값싼 호텔에 머물면서 미국을 떠돌기도 했다. 전국을 여행하려고 철도청에서 철로 놓는 일을 하기도 했다. 그가 가장 오래 근무한 직장은 우체국이다. 우체국에서 그는 편지를 분류하며 10년 동안 일했고, 술을 마시고, 경마에 빠져 경마장에 드나들었다. 그런 자신에게, 그리고 사회 부조리에 대해 욕을 퍼부으며 글을 썼다.

> "어째서 경마장에 가죠? 어째서 술을 마시죠? 이건 파괴예요. 젠장, 그래. 파괴지. 뉴올리언스에서 일주일에 17달러 받고 일하는 것도 파괴이긴 마찬가지였어. 하얀 시체 더미, 엘에이 군종합병원의 시트에 꿰인 오래된 발목과 허벅지 뼈와 똥… 죽기를 기

다리는 자들. 벽과 고요. 쓰레기장 같은 군공동묘지 밖에 없는데도 미친 공기를 빨아들이며 기다리는 노인들."•

부코스키가 자전적 경험을 바탕으로 쓴 소설《우체국》에서 우체국 직원이 사회에서 차지하는 위치를 짐작할 수 있다. 당시 그가 일했던 우체국은 알코올 중독자라도 일할 수 있는 곳이었다. 잡역부로 150명에서 200명이 같이 입사해도 몇 년 후에는 서너 명만 남는 곳. 다시 말해 그만큼 버티기 힘들고 보람을 찾기 어려운 일이라는 것을 알 수 있다. 부코스키처럼 미래를 안드로메다에 보내고 현재를 탕진하는 데 자질이 풍부해야 견딜 수 있다는 말이다.

그의 시 〈친절해져라〉 중에 "나이는 죄가 아니다. 하지만 일부러 흥청망청 살았던 수많은 삶 중에 일부러 흥청망청 살았던 부끄러운 삶은 죄이다"라는 구절이 있다. 그는 어떤 면에서 흥청망청 살았다. 힘든 노동을 한 후 술독

• 찰스 부코스키 지음,《글쓰기에 대하여》, 박현주 옮김, 시공사, 2016, p.107.

에 빠지고, 여자와 경마에 시간을 쏟았다. 하지만 그의 말대로 우리도 생존하기 위해 일에 시간을 쏟고 나면 보상이 필요해서 '딴짓'을 한다. 게임을 하고, 술도 마시고, 영화도 보고, 책도 읽는다. 영화를 보고 책을 읽는 것이 술을 마시는 것보다 낫다는 생각은 어디에서 비롯되었을까. 무용한 것처럼 보이는 딴짓은 공통점이 있다. 바로 자신을 돌보려고, 자신만의 시간을 가지려고 하는 짓이라는 것이다. 그렇다면 어디에 순위를 매기는 게 무슨 의미가 있을까? 모두 자신을 위해 사는 것은 다 똑같은데. 부코스키가 욕쟁이가 된 것도 살기 위해서다. 도시의 하층 계급으로 태어나서 학대당하고, 성인이 되어서도 불안정한 노동으로 매일 버티는 삶은 알코올 중독만큼 파괴적이라는 그의 말에 고개를 끄덕일 수밖에 없다.

그는 49세에 영혼을 빼앗아 가는 노동을 그만두고, 한 작은 출판사로부터 매달 1백 달러를 받고 글을 쓰는 전업 작가로 살기로 결심했다. 1백 달러는 우체국에서 받는 월급의 몇 분의 일밖에 안 되지만, 세상에 공식적으로 욕하는 목소리를 낼 수 있었다. 책을 쓰는 일은 과거나 지금이나 궁핍함에 온몸을 던지겠다는 결심이지만, 그럼에도 많은 사람들이 책을 쓰고 싶어 할 만큼 매력 있는 일이다. 어쩌면 아무도 귀 기울여 주지 않던 하찮은 삶을 말할 수 있는 공식적 기회를 얻을 수 있기 때문 아닐까. 부코스키는 인기를 얻고 유명해지고 싶어서가 아니라 이해받고 싶어서 글을 썼다. 전업 작가로 글을 쓰면서도 욕을 멈추지 않았다. "누구나 염병할 투덜이가 될 수 있고, 사실 대개들 투덜이"라고 말하며 마음껏 투덜댔다.

> "글쓰기라는 배출구, 오락, 해방이 난 필요했다. 글쓰기의 안도감, 글쓰기라는 염병할 일거리가 필요했다. 과거는 아무 의미가 없었다. 명성도 아무 의미가 없었다. 중요한 건 오직 다음 줄이었다. 다음 줄이 풀려나오지 않는다면, 기술적으론 비록 살아 있다 할지라도, 난 죽은 사람이었다." •

그는 익살스럽거나 어이없는 행동을 퍼포먼스처럼 보여주어 화제가 되곤 했다. 그러면서 소외된 작가에서 컬

• 찰스 부코스키, 《죽음을 주머니에 넣고》, 설준규 옮김, 모멘토, 2015, p.161.

트 작가를 거쳐 의도치 않게 인기 작가까지 되었지만, 평생 아웃사이더의 시각과 감성을 유지했다. 그는 '언더그라운드의 왕', '하층민의 국민시인', '반실업자들의 선지자'로 불린다. 부코스키는 살아있는 동안 미국에서 학계 비평가들의 관심을 거의 받지 못했다. 오히려 유럽, 특히 그가 태어난 독일에서 관심을 더 받았다. 그의 묘비에는 'Don't Try'라고 새겨져 있다. '하마터면 열심히 살 뻔했다'의 부코스키 버전이라고 해야 할까?

직장에서도 가정에서도 평생 열심히 달려왔는데 정신차려 보니 손에 남은 게 없다는 말을 주변에서 종종 듣는다. 그럴 때 욕 한 사발하고, 부코스키 책을 펼치면 기분이 좋아진다.

비록 언더그라운드에서 알려졌더라도 부코스키는 눈을 감을 때까지 50년 동안 거의 매일 글을 썼다. 주말에 홍대 클럽에 가면 알려지지 않았지만, 항상 음악을 하는 이들을 만날 수 있듯이 꼭 알려져야 글을 쓰고 음악을 할 수 있는 게 아니다. 그는 "일주일 동안 글을 쓰지 않으면 몸이 아픕니다. 걸을 수도 없고 어지럽죠. 침대에 누워서 토

해요. 아침에 일어나면 켁켁거립니다. 나는 타자를 쳐야 해요. 누가 내 손을 잘라버리면, 나는 발로 타자를 칠 겁니다"•라고 한 인터뷰에서 말했다. 그는 글쓰기를 '죽이게 재미있는 게임'이라고 말했다. 거절당하면 더 잘 쓰게 되니까 도움이 되고, 수락받으면 계속 쓰게 되니까 도움이 된다고. 글쓰기와 더불어 욕은 그에게 생에 의지를 다지는 추임새일지도 모른다. 바닥에 드러누운 의욕을 불러일으킬 수만 있다면 욕이 대수일까.

• 찰스 부코스키 지음, 《글쓰기에 대하여》, 박현주 옮김, 시공사, 2016, p.78.

지리멸렬한 일상에 이벤트가 필요할 때

가난한 뉴요커
헬렌 한프

기록은 인간의 본능이라고 한다. 문자가 발명되기 전, 동굴에서 살던 시대에도 우리 인류는 기록에 끌렸다. 동굴인은 일상에서 일어난 이벤트를 어두컴컴한 동굴의 벽에 남겼다. 수 세기가 흘러 우리는 그들이 벽화에 남긴 일상 기록에서 당시의 이벤트를 읽어낸다.

어제도, 오늘도, 내일도 똑같은 날이라고 시큰둥한 사람이라면? 내 삶에는 기록할 만한 이벤트가 없다고 중얼거린다면? 그럴 리가. 이벤트의 개념부터 바꾸면 어떨까? 살면서 펄쩍 뛰어오를 만큼 도파민이 치솟는 경우는 한 손에 꼽는다. 매일은 고만고만한 일로 채워진다. 극적인 이벤트만 찾아서 사냥꾼처럼 헤맨다면 허탈감에 빠지기 쉽다.

프랑스 소설 《마담 보바리》의 주인공 엠마 보바리는 파리에서 열린 파티에 다녀온 후 하품만 하면서 일상을 소홀히 대한다. 머릿속에는 종일 파티의 화려함이 따라다닌다. 그녀는 시골에서 파리 유행을 다루는 잡지를 구독하며 현실에서는 점점 멀어진다. 뇌에 번개가 치는 것 같은 극적인 이벤트는 드물고 아주 순간이다. 이 순간에 집중하면 일상은 지리멸렬해서 자꾸 내팽개치고 싶다. 이벤트가 기록으로 남는 게 아니라 기록이 일상을 이벤트로 바꾼다. 기록은 평범한 일상을 특별한 사건으로 만드는 힘이 있다. 이 말에 동의하지 않는다면 뉴욕에서 살았던 무명작가 헬렌 한프의 삶으로 걸어 들어가 보자.

헬렌 한프는 《채링크로스 84번지》를 쓴 작가이다. 이 책은 〈84번가의 기적〉으로 영화화되고, 연극, 텔레비전 드라마로도 제작되었다. 덕분에 평생 생활고에 허덕이며 글을 썼던 무명작가 헬렌 한프는 하루아침에 유명작가가 되었다. 에이, 그럴만하니 유명해졌을 거라고? 세계적으로 많은 사랑을 받는 작가들의 작품이 출판사의 거절을 받는 경우는 흔하다. 하지만 헬렌 한프의 경우는 원고를 거절당한 작가들과는 또 다르다.

헬렌 한프는 대학에 입학했지만, 가난해서 학교를 마치지 못했다. 대신 독학을 결심하고 공부 계획을 세웠다. 하지만 안타깝게 이마저도 생활고 탓에 여의치 못해서 닥치는 대로 글을 쓰며 마감 노동자로 살았다. 출판사에서 일하기도 했고, 텔레비전 드라마 극본을 쓰고, 편집도 했고, 라디오 방송국에서도 일했다. 열심히 일했지만, 우리 대부분처럼 생계 걱정에서 한 번도 자유로운 적이 없었다. 어른이 되는 것은 내가 나를 부양하는 것이므로 노력을 쏟은 만큼 결과가 나오지 않는다고 해서 그만둘 수 없는 노릇이다. 한프는 전방위로 글을 썼지만, 특히 희곡에 대해서는 더 각별했다. 무대에 올리겠다는 꿈을 간직하고 여러 편의 글을 썼지만 단 한 편도 올리지 못했다. 이쯤 되면 재능이 없는 것일까, 그만두어야 할까, 갈등에 빠져 지옥을 오갔겠지만, 마감 노동자로 살기를 멈출 수 없었다. 직업을 바꾸는 것이 가전제품 바꾸듯이 바꿀 수 있는 것은 아니니까.

쓰는 사람 중에 안 읽는 사람은 없다. 한프도 끊임없이 읽었다. 그리고 '희귀한 고서적'을 찾아서 읽는 취미가 있었다. 미국에서는 아주 고가의 희귀본이나 학생판밖에는 구하지 못하는 걸 아쉬워하던 차에 한 문학평론지에서 런던에 있는 희귀 고서점 광고를 보았다. 채링크로스 84번지에 있는 마크스 서점이 낸 광고였다. 한프는 사고 싶은 책 목록을 적은 편지를 마크스 서점에 보냈다. 20일 후에 한프는 구하고 싶은 책 중 3분의 2를 손에 넣었다. 서점 직원인 프랭크의 친절한 설명이 담긴 편지와 함께. 프랭크는 중고 책을 사러 종종 중산층 집을 방문하기도 했는데, 한프가 구하고 싶은 책을 발견하면 따로 챙겨두었다가 나중에 보내주기도 하고, 책을 구할 수 없으면 상세하게 상황을 설명하는 편지를 보냈다. 바로 이 서적상과 한프가 주고받은 서간집이 《채링크로스 84번지》이다.

한프는 프랭크와 무려 20년 동안 주고받은 편지를 모아서 54세에 출판했다. 다시 말하면 서점 고객이 보낸 주문서와 직원이 보낸 송장을 모은 책인 셈이다. 그런데 놀라운 일이 일어났다. 이 책이 출판되자마자 한프는 전국에서 팬레터를 받았다. 책 주문서이자 송장인 서간집이 왜 사람들의 마음을 움직였을까? 지금이라면 메일이나 카톡, 혹은 전화로 하루 안에 해결할 수 있는 일이다. 아날로그 시대여서 편지를 받는 데만 일주일 이상씩 걸렸던 그 시대의 주문서에는 업무 내용 이외에도 소소한 일상과 감상이 한 단락씩 담겼다.

물리적으로 멀리 떨어져 있어서 편지 왕래는 용건이 있을 때만 이루어졌지만, 시간이 흐르면서 프랭크는 단골인 헬렌의 독서 취향을 꿰뚫게 된다. 우리도 얼굴 한 번 본 적 없어도 누군가의 SNS를 보면 그 사람이 좋아하는 것과 시간을 쏟는 것이 무엇인지 알게 되듯이 말이다. 프랭크는 헬렌이 좋아할 만한 책이 책방에 들어오면 먼저 알려주곤 했다. 분명히 책 정보와 상태, 그리고 가격을 알려주는 편지였지만, 그 속에는 전후 상황을 살아가는 서점 직원들의 일상이 두세 줄씩 쓰여있었다. 또 열심히 책을 읽고 글을 쓰지만 뉴욕의 바퀴벌레가 나오는 아파트에 사는 무명작가의 일상도 한 자락씩 담겨있었다.

한프는 제2차 세계대전이 끝난 직후라 영국에서 생필품이 부족해 배급을 받고 있다는 사실을 지인을 통해 알게 되었다. 한 가족당 일주일에 육류 60그램과 한 사람당 한 달에 달걀 한 알씩 배급받는다는 사실에 '경악'해, 크리스마스 선물로 달걀, 햄, 고기 같은 식료품을 챙겨 서점에 보냈다. 프랭크는 영국에서는 암시장에서나 구할 수 있는 귀한 것이라며 감사를 표시했다. 책이 아닌 생필품 소포를 주고받으며 서점 단골손님은 프랭크 외에 다른 서점 직원들, 심지어 프랭크 가족과도 편지를 주고받게 되었다. 얼굴도 모르는 낯선 사람에게 베푼 작은 호의가 또 다른 호의를 부르는 일상이야말로 사람의 마음을 움직이는 이벤트가 아닐까. 그래서일까. 연애편지도 아닌데 편지를 읽다 보면 마음이 간질간질하다.

한프는 자기 모습을 상상하는 편지를 받고 "제 생김새를 말하자면, 브로드웨이의 걸인만큼 총명하게 생겼다고 할 수 있을 것 같고요, 늘 좀이 슨 스웨터에 모직 바지를 껴입고 있답니다. 낮에는 난방을 해주지 않거든요"• 하고 답장을 보낸다. 이런 작은 기록이 책의 다음 페이지로 넘기도록 이끈다.

식료품 소포를 받은 직원은 "우리 꼬맹이들이 살판났죠. 건포도하고 달걀로 진짜 케이크다운 케이크를 만들어 줬거든요!"•• 하고 답장한다.

소포를 받고 어떻게 사용했는지 분위기를 전달하는 문장에서 모두 따뜻한 시간을 보냈을 거라고 짐작할 수 있다. 헬렌이 소포에 대한 답례로 서점 이웃인 팔순 넘은 할머니가 직접 수놓은 리넨 식탁보를 받았을 때, 상태 좋은 희귀본을 저렴한 가격에 손에 넣었을 때 느낀 감정을 기록한 부분에서는 나도 모르게 미소를 짓게 된다. 헬렌과 프랭크는 책에 대한 간단한 감상을 나누기도 했다. 책 주문 편지에 담긴 이런 자잘하고 사소한 기록을 보다 보면 내 마음에도 기적이 일어난다. 한 번도 본 적 없는 사람들의 마음과 마음이 이어지는 과정을 지켜보는 것만으로

• 헬렌 한프 지음, 《채링크로스 84번지》, 이민아 옮김, 궁리, p.27.

•• 헬렌 한프 지음, 《채링크로스 84번지》, 이민아 옮김, 궁리, p.26.

도 온기가 생긴다.

한프의 어려운 경제적 상황을 대충 아는 서점 직원들은 한프를 영국으로 초대하고 싶어 했다. 비행기 표만 가지고 런던으로 오면 언제든 잠자리를 제공하겠다고 약속하지만, 월급은 런던행 비행기 표 대신 치과 치료에 바쳐야 하고, 이사하는 데 써야 했다. 런던 비행기 푯값조차 감당하기 힘들어 런던에 달려가고 싶을 때마다 런던 거리를 배경으로 한 영화를 보며 짙은 향수를 달래야 했던 한프의 마음을 헤아려본다.

결국 프랭크가 복막염으로 죽어서 서점이 문을 닫은 지 2년이 지난 후에야 한프는 서점을 방문했다. 《채링크로스 84번지》가 영국에서도 출판되면서 인터뷰와 공식 일정을 겸한 여행이었다. 한프는 이것도 기록으로 남겨 《마침내 런던The Duchess of Bloomsbury Street》이라는 제목으로 출판했다. 한프는 책에서 프랭크와 가족들을 만나러 얼마나 오고 싶었는지 밝힌다. 호텔 근처의 공원 벤치에 앉아서 영국식 작은 집을 바라보며 "몸에 전율이 일었다. 평생 이렇게 행복했던 적은 없었다"고 적는다. 사실 한프가 주문한 책들 대부분은 뉴욕에서도 구할 수 있었지만, 한프는 굳이 런던에 주문했다. 프랭크 가족과 계속 연결되고 싶었기 때문이다. 요즘 같으면 인스타그램 디엠으로 편하게 주문을 주고받았겠지만, 디엠으로 따뜻한 우정까지 주고받을 수 있을지는 모르겠다. 이제 사람들은 헬렌 한프가 살았던 뉴욕 72번가 이스트 305번지에 붙어있는 '채링 크로스 하우스'란 명판에서 이벤트를 삶에 기획했던 이의 흔적을 더듬는다.

매일 눈을 반짝거릴 만한 이벤트 없는 삶에 하품하며 SNS에서 타인의 기적을 부러운 눈으로 바라본 적이 있다면 그 기적을 내 것으로 만들 수 있다. 기적은 내 삶의 희로애락을 강렬하게 느끼는 것이다. 사소한 기록에는 묘한 힘이 있다. 나중에 보면 그날의 기분이 떠올라서 마음에 잔물결이 퍼진다. 우연히 웃고 있는 사진이라도 발견한다면, 멀리만 있던 행복이 내 손안에 있는 것처럼 느껴지곤 한다.

나는 원고가 잘 안 써질 때는 블로그에 접속해서 일상이며 생각을 '아무 말 대잔치' 수준으로 끼적인다. 당시에는 쓸모없어 보였던 기록은 시간이 흐르고 나의 역사가 쌓여 나만의 기록집이 된다. 블로그에 책을 읽고 영화를 보고 남긴 감상을 읽으며 과거 나와 만난다. 여행을 다녀와서 남겼던 기록을 통해 다시 한번 여행하는 기적을 만난다. 기적은 누구에게나 일어난다. 단, 기적이라고 이름 붙일 때.

일상의 단조로움에 포위당해서 땅으로 꺼질 것만 같을 때 별것 아닌 일상을 차곡차곡 기록으로 쌓으면 어떨까? 여름에 흔한 제철 포도를 씻어서 소주를 붓고 내버려두면 훗날 돈으로 살 수 없는 뜻밖의 특상품 포도주를 얻는 기적을 맛볼 수 있다. 기록도 마찬가지다. 오랜 시간이 흘러 기록 속에 있는 과거의 내가 현재의 하찮은 하루를 구할지 누가 알겠는가. 한프가 서적 주문 편지를 출판해서 전 세계에서 팬레터를 받았듯이.

챗GPT 시대, 변화의 속도를 따라가지 못해 버둥거릴 때

속도감에
매혹된 화가
에드가 드가

우리는 새로운 기술을 만나면 처음에는 불편하고 위협적이더라도 결국에는 받아들일 수밖에 없다. 대화형 AI도 등장하고, 챗GPT는 에세이나 소설도 쓸 수 있다고 전해진다. 오픈형 AI는 사람이 평생 책만 읽어도 읽을 수 없는 방대한 양의 소설, 시, 에세이 등 다양한 문학 작품을 가지고 있다. 이를 알맞게 짜깁기해서 충분히 새로운 작품처럼 보이게 할 수 있을 것이다. 생성형 AI를 보면 충분히 상상할 수 있다. 생성형 AI는 문자 명령어를 입력하면 이미지를 만든다.

하늘 아래 새로운 것은 없다. 창작은 무에서 유를 만드는 것이 아니다. 무에서 유를 만드는 것은 발명이다. 모든 창작은 '창의적 모방'에서 시작한다. 창작은 이미 존재하는 것을 새로운 시선으로 바라보는 것이다. 그런 면에서 AI는 창작자에게도 분명히 위협적 존재이다.

AI는 모든 직업군을 대체할 수 있을까? 이 질문에 아무도 속 시원하게 대답할 수 없지만, 나는 조심스럽게 낙관론에 한 표 던진다. AI는 인간의 창의력을 부분적으로 대체할 수 있지만, 온전히 대체할 수는 없다. AI가 인간의 명령어 없이 자율적으로 사고할 날이 오겠지만, 현재 내 상상력 범위에서 사람은 고유한 경험체이다. 이를테면 똑같은 영화를 두 사람이 보고도 다르게 느낄 수 있다. 느낌이나 감정에는 매뉴얼이 없어서 같은 영화를 여러 번 보더라도 볼 때마다 느낌이 다르다. 감정이나 느낌은 명령어 입력으로 해결할 수 없다.

보고서는 목적이 분명하다. 기존의 자료와 통계를 바탕으로 실행했을 때의 기대 효과 등이 들어간다. 직장인들이 들으면 버럭하겠지만, 보고서는 AI가 더 잘 쓸 수 있다. AI가 자료와 통계를 찾아서 정리하는 속도를, 우리는 따라갈 수 없다. 소설, 시, 에세이 등 문학적 글쓰기는 어떨까? 문학적 글쓰기의 목적은 보고서와 다르다. 구체적 정보를 주는 게 아니라 사람의 감정과 내면을 다룬다. 빠른 자료 수집이 글을 쓰는 데 도움이 되지만, 창의적 글쓰기에서 자료 수집의 비중은 일부에 불과하다. 읽고 쓰기는 감정이 개입하는 매우 주관적 영역이기 때문이다.

작가들도 AI만큼은 아니지만, 다른 사람이 쓴 글을 많이 읽는다. 읽는 사람 중에 글을 안 쓰는 사람은 있어도 쓰는 사람 중에 책을 안 읽는 사람은 없다. 아무리 자기계발서를 쓰더라도 다른 사람의 글을 읽어야 쓸 수 있다. 다른 사람의 글을 읽으면서 느낀 점과 깨달은 점이 작가의 경험, 상상력과 만나서 화학반응을 일으킨다. 이를 보여준 사람이 있다. 영역은 다르지만, 새로운 기술의 출현으로 오히려 개성이 넘치는 화풍을 개척한 화가이다. 프랑스 인상주의파로 알려진 에드가 드가이다. 드가는 우리에게 발레리나를 그린 사람으로 알려져 있다. 인상주의 화가들이 밖으로 나가 그림을 그리기 시작했던 때는 사진술이 출현해서 그림을 위협했던 시대이다.

드가가 살았던 시대에 화가들이 밖으로 나가서 햇빛의 움직임을, 풍경을 그린 이유는 카메라의 발명이 한몫했다. 누구에게나 나를 실제보다 '더 낫게' 기록하고자 하는 욕구가 있다. 셀피도 프로필 사진도 없었던 시절에는 초상화에 기록 욕구를 담았다. 집을 장식하면서 집주인의 권위와 위엄을 보여주는 데 초상화만 한 게 없었다. 지금은 풀메이크업하고 프로필 사진을 찍어서 SNS에 올리거나 가족사진을 찍어서 거실에 걸지만, 당시에는 화가들에게 초상화를 주문 제작해서 응접실이나 복도에 걸었다. 그러면 화가들은, 21세기 언어로 말하면 어느 정도 포토샵 효과를 내는 붓질을 한다. 실물과 닮았지만, 더 예쁘고 우아하고 때로는 위엄 있게 그렸다. 그 대가로 화가는 경제적 안정을 어느 정도 보장받았다. 하지만 카메라의 등장으로 사진이 초상화를 대신하게 되었다.

새로운 기술이 개발되면 적응하는 데 시간이 걸리지

만, 우리는 결국 적응한다. 기술이 처음 개발되어 널리 사용되기 전에는 누구나 두려움부터 느낀다. 지금은 기차가 역으로 달려올 때 아무도 기차가 우리를 해칠 거라고 생각하지 않는다. 하지만 처음 증기기관차가 발명되었을 때 거대한 기차가 증기를 뿜으며 역으로 들어오면 사람들은 자신들에게 달려들 거라고 생각한 탓에 비명을 지르며 달아났다고 한다. 곧 기차가 사람을 해치지 않는다는 것을 알게 되고 기차의 편리함에 익숙해졌다. 기차 발명 전에 주요한 교통수단이었던 승합마차는 역사 속으로 사라졌다.

새로운 기술에 인간의 창의력이 더해지면 기술과 일상의 결합, 기술과 예술의 결합이 생긴다. 인상파 화가들은 이동이 쉬운 기차 덕분에 파리 근교로 나갈 수 있었고, 전원 풍경을 그릴 수 있었다.

화가들이 고객들로부터 주문받아서 그림을 그릴 때와 상황이 달라졌다. 초상화는 더 이상 매력 있는 작업이 아니었다. 무엇보다 화가가 더는 주문 제작을 받지 않게 되자 작업에서 자율성이 확보되었다. 화가들은 기존 회화 규범을 따를 필요가 없었고, 그림을 그릴 때 소재와 기법을 자유롭게 선택할 수 있게 되었다. 그러자 화가들은 밖으로 나가서 풍경을 그렸다. 야외 풍경 속에 있는 사람들을 그렸다. 풍경도 실제와 닮게 그리는 것은 의미가 없었다. 실제와 닮은 것을 원하면 사진을 찍으면 되니까. 이런 기술적 배경에서 인상주의가 탄생했다.

우리가 마치 하나의 사조처럼 인상주의라고 부르지만, 가까이서 보면 인상주의 화가들을 하나의 특징으로 묶을 수 없다. 저마다 개성 있는 방식으로 작업했기에 하나의 화풍으로 설명할 수도 없다. 널리 알려져 있듯이 살롱전에 낙선한 화가들이 모여 전시회를 연 것이 인상주의파의 시작이다. 각자 자기만의 개성이 뚜렷하고 그림에서 추구하는 바도 다르다. 같은 인상파라도 모네가 주로 자연으로 나가서 풍경을 그렸다면, 드가는 실내에서 생명체가 움직이면서 만든 역동성에 매혹되었다.

드가는 초기에는 경마장의 말들을 그렸지만, 나중에는 발레리나들을 그렸다. 그는 완벽주의자였다. 많은 시간을 들여서 움직임을 세밀하게 관찰하고, 스케치를 반복했다.

"내가 부자라면 내 그림을 몽땅 되사들여 캔버스를 발로 찢어내고 싶은 심정이오! 똑같은 주제를 거듭해서, 열 번 아니 백 번이라도 거듭해서 그리는 것이 중요하다고 생각하네!"•

드가가 이어간 작업 방식은 AI 시대에 살아남는 직업인이 되는 데 참고할 만하다.

AI가 자료로 무장한다면 우리는 경험으로 무장한다. 개인의 경험은 고유하다. 감정은 알고리즘으로 추출할 수 있는 논리나 규칙이 없다. 그래서 같은 상황에 있더라도 사람마다 다르게 기억하고 느낀다. 테크 개발자와 전문가들도 AI가 인간의 창의력은 닮기 힘들다고 입 모아 말한다. 창의력이 필요한 직업만이 살아남을 것이라고.

우리 스마트폰 인류는 1인 1카메라를 소유한 시대에 산다. 전화 통화는 부수적 기능이고, 검색하고, 기록하고, 사진 찍어서 SNS에 전시하고, 다양한 영상을 즐긴다. 스마트폰은 손안에 있는 고성능 컴퓨터이자 장난감이면서

• 에드가 드가 지음, 《춤추는 여인》, 강주헌 옮김, 창해, 2000, p.208.

나를 전시하는 수단이다. 덕분에(?) 기억할 필요도 없고, 사유는 적게 하고, 시각을 비롯한 감각에 의존하는 삶을 산다. 게다가 우리의 생각을 대신할 AI가 나온다. 우리는 텅 빈 뇌를 길들일 수 있을까?

드가가 오늘날 우리에게 즐거움을 주는 이유에서 낙관을 발견한다. 드가는 경마장의 말들에 이어 발레리나들을 그렸다. 그는 그들을 사실과 비슷하게 또는 아름답게 표현하는 데 별 관심이 없었고, 발레리나의 움직임이 주는 역동성에 매혹되었다. 그는 발레리나들이 스트레칭하며 몸을 움직이는 모습을 생생하게 볼 수 있는 장소, 다시 말해 무대 뒤에 있는 발레리나들을 많이 그렸다. 안타깝게도 발레리나들의 움직임을 그릴 때 카메라처럼 연속 촬영을 할 수는 없었다. 그의 해결책은 한 가지 동작을 선택해서 확대하는 것이었다. 그는 자연스럽게 당시 사진술이 할 수 없는 것을 표현했다. 그의 그림은 당시에는 없었던 고배율 망원렌즈를 사용해서 클로즈업하고 아웃포커싱 효과를 낸 것처럼 보인다.

드가는 무대 위의 발레리나를 그릴 때 색깔 있는 조명이 무용수들의 얼굴과 몸에 색채를 더하는 데 몰입했다.

드가가 집중하고 매혹된 건 발레리나의 역동성과 카메라가 잡아내는 속도감이었지만, 오히려 그럼으로써 더욱 정적인 장면을 그리게 되었다. 사진에 매혹되어 사진과는 다른 길을 가게 된 것이다. 실제 그는 "속도에만 집착하면 부도덕을 낳게 되고, 부도덕은 결국 죽음을 가져오지"•라고 말했다.

드가는 카메라의 빠른 순간 포착에 매혹되었지만, 점점 카메라가 포착할 수 없는 것에 집중한다. 한 장소를 넓게 담지 않고, 움직임도 다 담으려고 하지 않았다. 오히려 주변을 블러 처리하고, 동작 하나에 집중해서 누가 봐도 드가표 역동성을 표현한다. 게다가 그는 카메라의 렌즈 작동 원리처럼 치밀하게 계산해서 작품을 수정하고 또 수정해서 완성했다. 심지어 그림을 산 사람의 집에 찾아가서 수정하기도 했다고 전해진다. 그림 주인은 드가가 오면 그림을 수정할까 봐 그림을 감추어두기도 했다.

그는 사진술의 등장으로 열등감의 포로가 되기보다

• 에드가 드가 지음, 《춤추는 여인》, 강주헌 옮김, 창해, 2000, p.107.

거기에서 나아갈 길을 찾았다. 다시 말해 그대로 모사하는 사진술 덕분에 드가는 그대로 모사하지 않는 개성을 계발했다. 그러니 우리도 AI를 슬기롭게 활용한다면 드가처럼 오히려 생각지도 못한 개성을 발견해 더욱 빛날 수도 있지 않을까?

남들과 다른 내가 이상해 보일 때

괴짜짓 전문가
살바도르 달리

"아무도 내 머릿속에서 싹트고 있는 것을 간섭할 권리가 없었고, 나는 자유로운 존재이고 싶었다."•

• 살바도르 달리 지음, 《살바도르 달리》, 이은진 옮김, 이마고, 2005, p.151.

괴짜 살바도르 달리의 말이다. 자유로운 존재가 되고 싶은 게 어디 달리만의 욕구일까. 머릿속까지 간섭받고 싶은 사람은 세상에 없을 것이다. 우리는 머릿속이 꽃밭일 때 두 개의 마음을 가지고 있다. 꽃밭일지라도 내 머릿속이니 그대로 놔두고 싶은 마음 하나, '이래도 되나?' 하는 마음 하나. 왜 머릿속도 내 마음대로 두지 못하고 슬그머니 반성 모드로 갈까? 틀린 게 아닌지 두리번거리는 이유는 뭘까?

나는 초등학교 4학년 때 학교에 한 달 동안 결석한 적이 있다. 학교에만 가면 숨이 차오르고 머리가 아팠다. 마침내 어느 날 실신해서 아버지 등에 업혀서 집에 왔다. 그 후 이 병원 저 병원 전전하며 원인을 찾으려 했지만, 허사였다. 마지막에 신경외과에 가서 뇌 사진을 찍고 들은 말은 '밥 잘 먹으면 된다'였다. 병명 찾아 삼만 리 후라 좋은 소식이지만, 허탈했다. 40년도 더 지났지만, 나는 의사의 말을 또렷이 기억한다. 의사가 내게 아무 일 아니라는 듯한 말투로 했던 말을. 돌이켜 보면 아마도 공황장애였던 거 같다. 그때는 마음 돌보기가 중요하다는 인식이 희박

했던 터라 나는 졸지에 꾀병을 부리는 어린이가 되었다.

당시에는 왜 학교에만 가면 아픈지 몰랐지만, 이제는 안다. 학교는 내게 엄청나게 무섭고, 싫은 것이 잔뜩 모여 있는 곳이었다. 그중 으뜸은 체육이었다. 건강한 신체에 건전한 정신이 깃든다는 구호 아래 운동장에 나가서 뜀뛰기부터 뜀틀까지 수행해야 했다. 나는 체력 단련 시간인 체육 시간만 되면 사라지고 싶었다. 게다가 이해할 수 없는 규칙과 규율로 촘촘하게 채워진 단체 생활이었다. 이런 상황에서 “이걸 왜 해요?”라고 물어볼 환경도 아니었고, 그럴 강단도 없었다. 그저 학교 규칙을 따르는 데 최선을 다하느라 이를 악물고 골골댔다. 그렇더라도 학교 규칙을 따르라고 배웠다. 칭찬받을 만한 어린이가 되려면 집단에서 도드라진 개성은 누르고 색깔 없는 어린이1이 되어야 했다.

우리 대부분은 이렇게 성인이 된다. 결과는? 사람들 앞에서 내 의견을 또박또박 말하고 주장하는 것이 어색할 때가 많다. 모두 장미꽃이 예쁘다고 말하면 ‘나는 장미꽃 안 좋아해’라고 말하고 싶지만, 꿀꺽 삼키는 게 편안하다. 타인의 생각과 다르다고 말했다가 다툼이라도 일어나면 어떡하지, 내가 잘못한 것은 아닐까, 먼저 두리번거리게 된다. 집에 돌아와서도 '내가 잘못 말한 건 아닐까?' 하고 곱씹고는 이불킥할 때가 한두 번이 아니다. 다른 사람과 달라서, 튀는 말을 한 것 같아서 잠자리에 들어서도 뒤척인다면 '나는 세계의 배꼽'이라고 말하는 살바도르 달리의 배짱을 슬쩍 빌려오면 어떨까.

달리는 괴짜로 알려져 있다. 그의 괴짜 명성은 마드리드 왕립미술학교 시절로 거슬러 올라간다. 학교에서 그는 어른들 눈에는 말썽꾸러기였고, 또래들 눈에는 괴짜였다. 배운 것을 다 알아도 모른다고 우기기 일쑤였고, 선생님이 가르쳐준 것과 정반대로 하는 기술을 연마했다. 공책을 얼룩지게 하면서 아무렇게나 삐뚤빼뚤 글씨를 썼다. 몰라서가 아니다. 기분이 내키면 누구보다 예쁘고 단정하게 써서 1등 상을 받아 교실 벽에 액자가 걸릴 정도였다. 하지만 그러려면 조건이 있었다. 달리는 무언가에 매혹되어야 진심을 다했다. 이를테면 실크처럼 매끄러운 종이에 반하면 글씨를 가지런하게 쓸 의욕이 생겼다. 달리는 이 속임수를 '재능'으로 여기고 시키는 대로 하지 않는 데 매진했다. 그는 영원히 그리고 체계적으로 사람들과 반대로 하고 싶어 하는 청개구리였다. 하라는 대로 하지 않고 삐뚤어졌다.

마드리드 왕립미술학교 시절에 한번은 성모 마리아상을 보이는 대로 그리라는 과제를 받았다. 교수가 어떻게 그려야 할지 말하고 있는 사이에 달리는 등을 돌려서 카탈로그를 뒤적여 찾은 저울을 보고 사실적으로 그리기 시작했다. 교수가 나무라자 달리는 "제 눈에는 이렇게 보여요" 하고 천연덕스럽게 대꾸했다. 이런 담력이라니! 성적은 당연히 좋을 리 없었다. 그는 성적표 생활기록란에 "너무나 뿌리 깊은 정신적 나태함에 사로잡혀 있어서 학업 발전이 전혀 불가능함"이라고 쓰인 평가를 받았다.

하지만 달리는 개의치 않았다. 중요한 순간에도 그는 전체 규칙보다 자신의 규칙을 따랐다. 마드리드 왕립미술학교 입학 실기 시험은 6일 동안 이어졌다. 데생은 정해진 크기대로 그려야 했지만, 규정을 따라본 적 없는 달리는 입학 시험에서도 마찬가지였다. 데생이 규격에 맞지 않아서 그렸다가 지우기를 반복하는 데 시간을 다 써버렸다. 결국 마지막 날에 규격에 어긋난 그림을 그려 냈지만, 결과는 합격. 데생이 너무 훌륭해서 심사위원들이 만장일치로 입학을 허가했다. 일련의 일화들을 보면 달리는 실제로는 학습에서 뛰어난 학생이었지만, 규격화된 인정을 받는 데는 별로 관심이 없었던 듯하다. 오히려 그는 어른들을 속였을 때 놀라는 모습에서 재미를 느끼곤 했다. 어린 시절에 태동한 이 반골 기질은 어른이 되어서도 계속되어 그만의 개성으로 자리매김한다.

그는 실용적 행위를 적으로 여기고 상상 속에서 떠다니는 이미지를 보곤 했다. 달리는 어릴 때부터 몽상을 즐겼다. 늘어져서 흘러내리는 시계, 하늘의 구름 속에 떠다니는 사물 등은 실제로 그가 상상에서 본 이미지들이었다. 달리는 어릴 적에 골골했던 터라 자주 아팠고, 어지럼증에 편두통도 있어서 실제로 헛것(?)을 자주 봤다. 덧문 창살들로 들어온 빛에 그림자가 천장에 길게 늘어지면서 춤을 추는 것을 구경하곤 했다. 그림자가 늘어진 모습은 그의 그림에서 표현되곤 했다. 달리가 그린 그림들은 상상에서 나온 이미지가 아니라 달리가 실제로 사물을 보는 방식이었다. 그의 대표작 〈기억의 지속〉 속 늘어진 시계 역시 그의 눈에 보이는 시계의 모습을 표현한 것이었다.

보통 자서전은 인생 말년에 과거를 회고하느라 쓰지만, 달리는 36세에 자서전을 썼다. 그리고 자서전대로 살겠다고 공언했다. 이런 제멋대로 발상은 달리를 달리답게 만들었다. 유년기에 이미 틀이 잡힌 각종 광기, 재능, 천재성, 신화들에 의문을 품고 괴로워하는 대신 점점 자기 곁에 두려고 애썼다. 남들과 같게 되려고 애쓰는 게 아니라 오히려 남들과 다르게 되려고 '의식적'으로 노력했다.

우리는 책상이란 단어를 들으면 고정된 이미지를 떠올린다. 네 개의 다리가 달린 테이블 같은 것을 연상하지만, 달리의 세계에서라면 의자를 책상으로 불러도 된다. 달리는 괴짜짓을 전문적으로 했다. 그의 고향 피게레스에 있는 달리 박물관에 가면 그의 화려한 괴짜짓이 얼마나 의미 있는 결과물을 만들어냈는지 볼 수 있다.

달리처럼 천재성이 담긴 괴짜짓은 못 하더라도 혼자 있을 때 광인이 되는 것에 주저할 필요가 있을까? 한 지인은 샤워 후에 수건으로 대충 물기를 닦고 알몸으로 욕실에서 나와 저절로 마르도록 둔다고 했다. 잘 때도 알몸으로 자고. 사실 혼자 있는데 옷을 다 벗고 있어도 아무도 뭐라고 할 사람이 없지만, 나는 한 번도 옷을 다 벗고 자본 적이 없어서 지인의 이야기에 깜짝 놀랐다. 공상 속에서라도 알몸으로 자고 싶다는 생각조차 한 적이 없다. 잠옷이라도 입고 생활하는 걸 당연하게 여긴 탓이다.

우리는 평소 무리에 섞이려고 애쓰며 산다. 혼자만 도드라져 보일까 봐 남들처럼 행동하고 남들처럼 말한다. 머릿속 꽃밭은 철저히 숨긴 채. 그러니 혼자 있을 때만이라도 머릿속에서 꽃밭을 가꾸는 자유를 허락하는 건 어떨까? 달리는 몽상 속에서 사치스러운 괴벽을 만족시키려고 동시대인을 모두 노예로 만들어버리는 폭군이 되거나 반대로 초라한 노동자가 되었다. 하지만 그는 언제나 자기 자신으로 돌아왔다. 살바도르, 살바도르!를 외치며. 당장 주변의 눈치를 보느라 쪼그라든 가슴을 쭉 펴고 달리처럼 내 이름이라도 외쳐보면 어떨까? 그러면 세계의 배꼽은 못 되더라도 내 방의 배꼽은 될 수 있지 않을까.

현실의 자아와 이상적 자아가 달라서 괴로울 때

드로잉 천재
에곤 실레

나는 아무도 책을 쓰라고 요청하지 않아도 책을 쓴다. 내 책이 나오기를 기다리는 사람이 아무도 없을지라도 원고 압박에 기꺼이 시달린다. 내 눈높이대로 원고가 안 써져서 눈물마저 찔끔거리기도 한다. 이렇게 자발적으로 자신을 괴롭힐 때 빠져나오는 구멍은 상상이다. 본 적 없는 낯선 이들의 마음에 내 글이 가닿을 거라고. 책이 날개 돋친 듯 팔릴 것이라고. 이 상상이 비록 현실에서 이루어지지 않을지라도. 아무도 내 책을 안 읽을 것이라고 상상하면 절대 책을 쓸 수 없다. 책을 집필하는 힘은 이렇게 현재와 다르게 상상하는 데서 나온다. 미래 자아상을 머릿속으로 그리면 외로운 싸움을 계속할 수 있다. 하지만 현실의 나는 저혈압인으로 산다. 이 말인즉 틈만 나면 누워서 시간을 보낸다. 한 가지 활동을 한 후에는 충전하기 위해 누워있는 시간이 필요하다. 상상 속의 나는 자료도 더 조사하고 유머가 담긴 유려한 문장을 쓰지만, 현실의 나는 게으름뱅이에 더 가깝다. 저질 체력 핑계를 대지만, 마음에 안 드는 것은 안 드는 것이다. 이렇게 내가 꿈꾸는 자아와 현실의 자아가 달라 괴로울 때면 오스트리아 출신의 드로잉 천재 에곤 실레의 어깨에 기대고 싶다.

에곤 실레는 현실의 자아와 이상적 자아 사이에 깊은 협곡이 있었다. 이 협곡은 실레의 강력한 무기이다. 그는 일상을 자기가 원하는 방식으로 꾸리기 위해 환경, 만나는 사람들과 타협하며 산 것처럼 보인다. 울퉁불퉁한 바닥과 양쪽으로 뾰족하게 그를 둘러싼 협곡에서 그는 카펫도 필요하고 걸어도 발이 안 아픈 푹신한 신발도 필요했다. 그는 이런 것을 어떻게 얻었을까?

에곤 실레는 유행에 민감해서 언제나 말쑥하게 차려입었다. 집을 꾸미는 데도 아낌없이 돈을 써서 취향을 드러냈고, 비싼 식당에 드나드는 등 돈을 물 쓰듯이 썼다. 그는 몇몇 부유한 후원자들에게 그림을 비싸게 팔아서 궁색과는 거리가 멀었고, 절약과도 거리가 멀었다. 늘 돈이 없다고 투덜대곤 했지만, 그는 궁색하게 사는 것을 참을 수 없었다.

제1차 세계대전 중에도 실레는 풍족하게 살았다. 전쟁에 징집되어 전장에 있을 때도 그는 인플루언서들처럼 자기 홍보에 적극적이었다. 뿐만 아니라 화가로서 명성도 얻은 덕분에 그 어려운 시기에 식료품 관리를 맡기도 했다. 식료품이 모자라 배급받던 전쟁 시절에조차 실레는 잘 먹고, 퇴근 후에 그림 작업까지 할 수 있을 정도로 수완이 좋았다. 그가 자신을 홍보하는 데 적극적이었던 이유는 물질적 궁핍함에 취약했기 때문이다. 하지만 아이러니하게도 돈을 버는 데는 적극적이었지만, 돈을 모으는 데는 관심이 없었고 오히려 돈을 혐오했다. 저널리스트이자 미술평론가인 프랭크 위트포드는 실레가 '가난한 척'한다고 비꼬며 말했다.

에곤 실레는 21세기형 인간일지도 모른다. '내가 가진 것을 사람들이 원하게 하라'란 말처럼 자기를 알려서 누리는 물질과 명성에 관심을 쏟았다. 그는 중산층의 자족한 삶을 거부하면서도 실제로는 물질적 풍요를 사수했다. 우리로 말하면 직장은 싫은데 월급을 위해 심신을 바치는 것처럼 말이다. 물질적 풍요를 혐오하면서 동시에 사랑하는 사람, 너무 친근하지 않은가. 대신 그는 자화상으로 충돌하는 마음을 표현한 게 아닐까. 그는 자화상을 많이 그렸다. 현실에서 그는 한눈에 보아도 말쑥하다. 하지만 자화상에 표현된 그는 전혀 다르다. 아름답지도 않고, 신체 비율도 맞지 않으며 얼굴은 일그러지고, 정면을 응시하지 못한다. 자화상 속 그는 마르고 볼품없다.

그는 왜 현실과 180도 다른 자화상을 그렸을까? 그의 모습이 담긴 사진을 보면 흰 셔츠에 유행하는 슈트를 입고, 머리를 빗어 넘긴 멋쟁이다. 그러면서 거울로 자기를 뚫어지게 응시한다. 그의 행동을 어떻게 받아들여야 할까? 실레는 자기애가 뜨겁게 흘러넘치는 욕조에 몸을 담근 화가일지도 모르지만, 나는 그의 행동에서 괴로움을 읽는다. 그는 자신에게 절망했을지도 모른다. 글이든 그림이든 거짓을 담을 수는 없다. 그림을 그릴 줄 모르고, 글을 쓸 줄 몰라도 우리에게는 그림이나 글에 담긴 마음이 사실인지 거짓인지를 꿰뚫어 보는 능력이 있다.

에곤 실레가 쓴 시 〈나, 영원한 아이〉에 그의 마음을 잘 나타내는 구절이 있다.

> "나 영원한 아이는 결국 돈이 가진 전통, 속박, 환율, 유용성을 붙잡고 눈물 속에서 돈을 저주하고 조롱했다."•

에곤 실레는 물질적 풍요를 누리려고 자신을 파는 자신을 참을 수 없었는지도 모른다. 마치 머릿속에서 주변과 비교하지 않고 나만의 속도로 살겠어, 결심하지만 머

• 에곤 실레 지음, 《나, 영원한 아이》, 문유림·김선아 옮김, 알비, 2018, p.12~13.

리부터 발끝까지 부의 냄새가 폴폴 나는 사람을 보면 위축되며 뒤돌아서 나의 궁핍함을 숨기고 싶어 하는 것처럼. 그는 현실에서 옷, 음식, 집안 장식 등 온통 취향에 집착했지만, 그런 취향을 혐오하는 감정을 그림에 각인한 것처럼 보인다. 그래서일까. 그의 그림은 꼭 현재 자아와 이상적 자아 사이에 건너기 힘겨운 협곡이 있다고 말해주는 것만 같다.

그는 자신을 '영원한 아이'라고 규정하고는 어른이 되기를 거부한다. 어른은 사회적 규범에 따르며 현실과 타협하는 사람이다. 단순히 경제활동을 하는 것이 아니라 자신이 속한 집단 또는 배경이 싫어도 타협하며 조화를 이루려 애쓰는 사람이다. 그런 면에서 실레는 경계인이었다. 사회가 제시한 규칙을 비웃더라도 그 속에서 살 수밖에 없었다. 그는 헌신적 사랑을 바친 발리와 5년 동안 살았지만, 결혼은 중산층 여성과 했다. 요즘 관점에서 보면 환승 연애에다 바람둥이 기질도 다분한 '나쁜 남자'이다. 현실에서 그는 철저하게 이익이 되는 쪽으로 움직였지만, 내면에서는 그런 자기 자신을 못마땅하게 여겼을지 모른다. 우리가 그런 것처럼 말이다. '지금 내가 가진 것에 감사해'라고 말하면서도 시선은 나보다 더 많은 것을 가진 이에게 쏠리는 걸 속일 수 없는 것처럼.

안 맞는 상사와 동료를 참아내다 보면 아침이 오는 게 무서운 순간도 있다. 그렇다고 보란 듯이 그만둘 용기도 없다. 20년 넘게 같은 직장에 근무한 지인은 오늘 사표를 써도 전혀 이상할 것이 없다. 듣는 사람마저도 지리멸렬한 직장 생활이 지치지만, 다음 날 날이 밝으면 출근하도록 등을 떠미는 것은 매달 꼬박꼬박 통장에 들어오는 월급이다. 회사 대표의 변덕에 무조건 맞추어야 하고, 이해할 수 없는 행동을 하는 동료들과 사이좋은 척해야 한다. 극한의 감정노동을 하지만 이조차 일의 한 부분이다.

현재 지인이 간절히 원하는 것은 월급에 꽁꽁 묶여있는 자신에게 자유를 주고, 월급에서 자유로운 삶을 사는 것이다. 하지만 현실은 매달 막아야 하는 카드값에 대한 공포를 물리치기 어렵다. 할 수 있는 일이라고는 술안주로 똑같은 푸념을 무한 반복 늘어놓는 것이다. 플레이어 버튼이 고장 난 것처럼 같은 주제를 반복 재생한 후에 술 한 잔과 자조로 마무리한다. 그러고는 다음 날 해가 뜨면 힘차게 출근한다. 누가 지인을 용기 없다고 말할 수 있을까?

영혼을 갉아먹는 것 같은 직장 생활 대신 배를 곯고 누추한 삶을 끌어안을 배짱이 모두의 것은 아니다. 대책 없는 객기는 도움이 안 된다. 용기를 내는 것도 때가 있다. 서른 언저리에 대퇴사 물결이 한바탕 휩쓸고 지난 후에야 안다. 어디에 가든 비슷한 문제가 지속되는 게 인생이고, 어른으로 사는 일이라는 것을.

실레는 현실의 자아와 원하는 자아가 불일치할 때 그림을 통해 점점 개성을 쌓는 재능이 있었다. 에곤 실레는 '그대 자신이 되어라! 그대 자신이!' 하고 외쳤다. 어쩌면 그는 그대가 아니라 자기 자신에게 주문을 걸고 있었던 것이 아닐까. 환경을 이용하며 풍족하게 살면서도 자기를 잃어버리는 것을 극도로 두려워한 게 아닐까.

드로잉 천재로 불렸지만, 그의 불안함이 오롯이 담긴 자화상이 우리에게 위로를 건넨다. '너만 그런 게 아니야.' 하고 싶은 대로 하고 살았던 것처럼 보이는 실레도 사람들이 수군거리는 말에는 의연하지 못했다.

우리에게는 실레처럼 자아의 불일치를 표현하는 수단

도 재능도 없다. 대신 실레에게는 없는 재능이 있다. 어떤 일을 겪어도 다음 날 일어나서 심호흡하며 나를 다독이고 삶의 전쟁터로 출전하는 성실함과 평범함이 있다. 나는 이것이야말로 어른의 삶을 살아내는 가장 흔하지만 소중한 재능이라고 말하고 싶다.

"좋아하는 것을 즐기기 위해서는 나름의 대가를 치러야 한다. 대가를 치르고 얻었을 때, 그것을 아는 것이야말로 삶을 즐기는 것이다."

_ 어니스트 헤밍웨이

출근하기 싫은 날엔 카프카를 읽는다

초판 1쇄 발행 2024년 10월 22일
초판 2쇄 발행 2025년 1월 2일

지은이 김남금

펴낸이 한선화
책임편집 이미아
디자인 정정은
홍보 심혜진
마케팅 김수진

펴낸곳 앤의서재
출판등록 제2022-000055호
주소 서울 서대문구 연희로 11가길 39, 4층
전화 070-8670-0900
팩스 02-6280-0895
이메일 annesstudyroom@naver.com
인스타그램 @annes.library

ISBN 979-11-90710-89-3 03100